投下労働量からの
日本経済分析

「価値」と「価格」で見る
日本型資本主義

田添篤史

花伝社

投下労働量からの日本経済分析
——「価値」と「価格」で見る日本型資本主義

◆

目　次

第三部　日本経済の構造変化と金融化

はじめに

　本書はこれまでに私が執筆してきた論文の中で、投下労働量、および日本経済に関する分析をまとめたものである。

　日本経済に関する本については非常に多くのものがあるが、本書の特徴は投下労働量という視点から、また資本主義の歴史的役割や、資本の運動の本質という点に注目して分析を行った点にある。投下労働量という視点に立って分析を行うことは、非主流派経済学の分野において伝統がある。その中で比較的最近出されたものである松尾匡氏と橋本貴彦氏の共著にも書かれているように、投下労働量という視点に立つことは如何なる意味を持つのか、なぜ通常の経済分析のように価格次元では不十分なのか、この視点を持つことの意味はどこにあるのかなど、投下労働量を利用して分析をすることの意義に対する疑問に答えなければならない。本書を執筆するにあたって、これらの疑問に対する自分なりの答えをひとまずは示すことができたと思う。

　本書で採用した方法として強調したい点は、資本主義というシステムそれ自体を分析するにあたっては、資本の運動に関する本質からその問題が発生しているのかどうかに注目しなければならないということである。資本主義においては多くの問題が現実に発生している。一例としては格差の問題が、主流派経済学の分野においてさえ無視できないものとなるほど大きなものとなってきている。しかし、格差拡大という事実に基づいて資本主義というシステムそれ自体を批判したいのであれば、格差の拡大は資本主義内部においては解消できないということを示さねばならない。つまり資本の運動の本質が格差を生み出しているものであると示さねばならな

い。そうでないならば、格差の問題は資本主義を「修正」することで克服可能であり、資本主義というシステムそれ自体を乗り越える必要はないからである。ここでは格差の問題を例として説明したが、これはすべての問題を考慮するうえでそうでなければならないと考えている。また資本主義という独自のシステムからくる問題ではなく、より普遍的な点から問題が発生している場合もあるだろう。このときに資本の運動から問題が発生していると勘違いしてしまうと、資本主義を克服しさえすれば問題が解決するという誤った結論に達してしまうことになる。どちらの場合であっても、誤った結論に至ることを防ぐためには、資本の運動の本質から問題が発生しているかどうかという問題意識のもとで分析を行うことが必要である。

　また本書では「資本主義の歴史的役割」という視点も重視している。「資本主義の歴史的役割」とは何であるかということには当然議論があるだろう。しかし資本主義は間違って生まれた社会システムなどではなく、人類史の一定段階においては正当性があるシステムであるということ、つまり人類の長い歴史において果たすべき役割をもった一つのシステムであるという見方それ自体は妥当なものであると思う。この役割を資本主義が果たすことができなくなっているならば、次の社会システムに道を譲らねばならない。しかしまだこの役割を果たしているのであれば、資本主義というシステムの寿命は尽きていないことになる。資本主義を克服するという議論をしたいならば、資本主義は歴史的役割を終えた、あるいは終えつつあることを示さねばならない。これが本書に含まれる分析のなかで、「資本主義の歴史的役割」に注目しなければならないと考えた理由である。資本の運動の本質から問題が発生しているかどうかに注目するということと、「資本主義の歴史的役割」という点に注目して議論を行うということが、本書の前提となっていると理解されたい。

　本書は３部構成をとっている。第一部においては投下労働量の意味とそれに基づいて分析する意義を述べる。第二部では「搾取の第一定義」とよばれる部分に注目し、資本の運動の本質がその部分を超える「搾取」を生み出すのかどうかを検討している。先にも述べたように資本主義というシ

ステムが人類史において果たすべき役割を依然として果たしているのかという点に注目することも本書の特徴であるが、私は資本主義の歴史的役割として、労働生産性を上昇させるというものがあると考えている。第二部ではこれらの視点から日本経済の分析を行っている。第三部では、より具体的に日本経済の変化を考察している。従来の日本経済には、いわゆる「日本的経営」に代表される独自の「日本型資本主義」が存在していたという議論があるが、旧来存在していたこの社会システムがどのように変化しているのかを検討する。

　本書は私が出版する最初の書物である。先に述べた方法や問題意識を、それぞれの章にどこまで明確に反映できているか、また一冊の本としての全体の構成などについて、忌憚のないご意見を頂戴できれば幸いである。

第一部

社会分析の基準としての投下労働量

第1章　なぜ投下労働量分析が必要か

はじめに

　本書は「価値」と「価格」という二つの次元の区別を明確にしたうえで、日本経済について分析を行うということを意図している。本書で「価値」とよばれているものは、置塩信雄の定義に従うものであり[1]、第 i 財の継続的な純生産に必要な投下労働量を表すものである。a_{ij} を第 i 財 1 単位を生産するために必要な第 j 財の量、τ_i を第 i 財の生産に直接必要な労働量として、第 i 財の価値＝投下労働量は次の式で定義される。

$$t_i = \sum_j a_{ij} t_j + \tau_i$$

　これが第 1 財から第 n 財までのそれぞれについて定義され、その連立方程式の解として t_i は計算される。

　この方式で計算される t_i の意味については次章で詳しく述べるが、簡単に言えば純生産物としての第 i 財 1 単位を継続的に再生産し続けるための労働量を示すものである。ここで言う純生産物とは、総生産物から消耗した生産財の補填のための部分を差し引いたものである。第 i 財を 1 回限り生産するだけであれば、生産に必要な原材料、および直接に投下する労働量 τ_i のみがあればよい。しかしこれだけでは 1 回限りの生産で終了してしまい、次期において生産をすることができない。そのため社会の継続性を確保することができない。生産財のストックが存在するならば、さらに

1　これに関する解説、その発展、また現実の分析への応用については膨大なものがある。代表的なものとしては、置塩（1957,1977）、中谷（1994）などを参照。

一定期間は生産を継続することができるが、やはりいずれかの時点で限界に到達する。社会を維持するためには、必要となる財について継続的に純生産を行うことが必要であり、第 i 財を継続的に純生産し続けるためには、中間財として利用した部分について補填をすることが必須となる。先の式で計算される t_i は、生産において消耗した中間財の補填に必要となる労働量、および第 i 財 1 単位を純生産するために直接必要となる投下労働量の合計を意味している。そのためある財を生産するための労働量というよりも、ある財を継続的に純生産し続けるための「システム」に必要となる投下労働量と述べたほうがより正確な表現となる。

　このようなものとして、本書における「価値」は定義されている。ではなぜこのような観点から分析を行う必要があるのであろうか。なぜ「価格」のみで分析するのではいけないのか。この問題は経済を分析するにあたって、どのような視点から分析を行うのかということと関連する。本書では第一に、どのような社会でも必要とされる「普遍」的な条件は何であるかを考え、その「特殊」な表現として資本主義における各種の形態が出現すると考える。それがどのように「具体」となるかは各国の制度や歴史に依存することになる。このように資本主義を所与のものとしてとらえるのではなく、歴史的な存在として相対化してとらえる場合には、「価格」という一定の社会を前提としたカテゴリーではなく、どのような社会においても要求されている普遍的な存在を分析の軸として据えなければならない。本書ではその役割を果たすものとして、「価値」を採用している。

　普遍的な存在の候補は、潜在的には他にも多数存在する。その中で「価値」を選択した理由は、本書ではどのような社会でも必要とされる普遍的な条件のなかで、労働の社会的配分という点に注目して分析をしているためである [2]。そして「価値」は労働の社会的配分の在り方を集約的に表現する方法となっているためである。労働の社会的配分とは、人類が必要とするものを獲得するにあたって、どのように労働を社会において実行される生産の各分枝に配分していくのかということに関連する問題である。本章

2　この考え方については、松尾・橋本（2016）の第 3 章、第 4 章が参考となる。

では以下においてこの観点について述べていくこととする。

I　労働の社会的配分

　どのような社会においても、その社会を維持していくためには、人間が必要としている生産物を獲得し続けることが必須の条件である。少なくとも人間が自己の生存を維持しうるだけの消費財を純生産し続けることができなければ人間は生存していくことができず、その社会は崩壊せざるを得ない。また人間が自己の労働のみで生産を行うのではなく、何らかの生産手段を利用して生産活動を行うようになった後では、生産に投入し消耗した部分については、継続的に同種の生産手段を利用して生産を行うためには補填を行わねばならない。あるいは次期において生産規模を拡大するのであれば、生産手段の追加部分についても純生産物として生産しなければならない。このように社会において必要となっている財を生産することは、どのような社会システムをとるかにかかわらず、ある社会を維持するためには必ず満たさなければならないものである。もちろん人間社会は物質的な生産のみで成り立つわけではなく、各種の精神活動も行ってきた。しかし物質的な充足がない限りは精神活動の続行も不可能となっていく。そのため物質的な再生産が社会の存続にとって必要条件をなしている。

　労働の社会的配分という問題は、以上で述べてきた物質的再生産の必要性ということから発生する。生産物を生産するためには、いままでの人類史においては労働が必要とされてきた。ある財の生産のみを単独で考えれば直接には必要とされなくなる場合もあるが、生産手段を生産するための労働や生産方法を考え出すための頭脳労働まで含めるのであれば、労働なしに生み出されたものは現在のところは存在していない。社会を維持していくためには各種の生産物を生産することが必要であるが、そのためには労働が必要となる。しかしある時点をとれば、社会に存在する労働の量は有限である。そのため有限な存在である労働を、社会が必要とする各種の財の生産に社会的に配分していく必要がある。これに失敗してしまう社会は、最終的に存続することができなくなる。そのため労働を社会において

必要とされる各種の財の生産に適切に配分していくことは、どのような社会でも必要とされる普遍的な条件となる。

　労働の社会的配分という問題を考えるにあたっては二つの視点が必要となる。一つはどの種類の財の生産部門に労働が配分されるかということである。これは静学的な視点であると言える。また社会的にみてどのような財が必要となるかという規範的な分析においてもこの視点は重要である。通時的な問題を考える場合には、財の種類という点からの分割のみではなく、純生産物の用途というもう一つの視点も重要となる。純生産物の用途は、消費と生産財の拡大のための純投資へと分割される[3]。純生産物がどちらのほうに使用されるかということについては事前に決まっているわけではなく、何らかの方法で社会的に決定され、これによって純生産物の用途という視点からの労働の社会的配分が決定される。人類社会がどのような方向へと発展していくのかということを考えるにあたっては、この視点が重要となる。

　人類の社会は、どのような財の種類の生産に労働を向けるかという問題、消費財と生産財の拡大のどちらにどれだけの労働を配分するかという問題、この重層的な労働の社会的配分問題を何らかの方法で解決しなければならない。これは物質的再生産の継続のための条件であり、人類社会が存続するための普遍的な条件である。それがどのような形でなされるかについては、それぞれの社会によって異なり、その方法がそれぞれの社会の特質を構成することになる。

Ⅱ　生産の目的について——労働の社会的配分は何を基準としてなされるのか

　前節で労働の社会的配分ということを説明した。労働の社会的配分という普遍的な条件がどのような特殊な方法によって実現されているかという

3　現実的には廃棄処分されるなどの場合もあるが、経済学の基本的な観点からはこの2分類で十分である。

具体的な在り方については各社会で異なっており、各社会に特有の方法がその社会における様々な問題を引き起こしているという見方を本書では採用する。それがどのような特殊な方法でなされているのかという点に対して、大きな影響を有するのが生産の目的についてである。何のために生産を行うのかということはそれぞれの社会で異なり、それが労働の社会的配分の在り方に影響を与えていく。

　最初に特定の社会形態から離れ、そもそも人類は何のために生産を行うのかという視点から考える[4]。人類が生産活動を行う必要があるのは、本質的には自己の生存手段を獲得し、生きていくためである。もしも何も消費することなく生きていくことができるのであれば、一切の生産活動を行うことなく生きていくことも可能であるが、人間は生物学的にそのようなことが可能であるようにはできていない。生存のためには最低限の食物を採取する必要がある。何らかの食物を入手するためには、そのための生産活動が必要となる。単に食物のみではなく、快適に生きていくということを達成するためには住居の整備や衣服の入手も必要となる。これについても手に入れるためには生産活動を行う必要がある。以上で述べたように人類が生産活動を行う本来の目的は、それによって自己の厚生に貢献するという意味での消費財を入手することにある。またそのために労働を各種の活動に配分していくことになる。

　消費財の生産に貢献するある種類の生産財は、その生産に時間を有することとなる。このような生産財が消費財の生産に利用される場合、現在の消費と将来の消費の間のトレードオフという問題が発生する。将来の消費を増加させるための生産財の生産に労働を投入するのであれば、現在の消費財の生産は減少することとなる。このような時間構造を含む問題も解決しなければならない。労働の社会的配分は、どの種類の消費財の生産を行うかという問題と、現在の消費と将来の消費のバランスをどのようにするかという2つの点から影響を受ける。

　これがどのような方法で解決されるかについては各種の社会形態で異な

4　この問題については、大西（2020）の第1章の議論についても参照されたい。

る。また、本来的には消費財の入手が生産活動の目的と考えられるにせよ、それが直接の目的として出現するのか、それとも他の目的があり、それに付随するものとして結果的に満たされることになるのかという点でも異なってくる。

　最初に経済学者が伝統的に例え話として好んで利用してきたロビンソン・クルーソーの仮想的な社会を考えてみる。ロビンソン・クルーソーは孤島において一人で生きていくために生産活動を行う。彼が必要とする各種の財を入手するためには、様々な財を入手する活動に自分自身の労働を配分していかなければならない。この場合、生産の目的は各種の消費財を入手して得られる自己の効用を通時的に最大化することにあり、労働の配分はそれを基準としてなされる。現在の労働の中には釣り竿の生産に向けられる労働など、現時点での消費財の生産に直接結びつかないものもある。しかし釣り竿は将来において魚の入手を容易とし、将来の消費財の生産増加に結び付く。ロビンソン・クルーソーにおいては自己の厚生を基準として生産の決定がなされるため、自己の労働はすべてが消費財の生産へと結実していくことになる。

　ロビンソン・クルーソーは孤立した人間であるが、社会は複数の人間を含み、複数の人間がもつ労働力の合計が、つまり社会に存在する労働力が各種の活動に分配されていく。一人の人間だけしか存在しないのであれば生産の目的を決定することは容易であるが、複数の主体が関わる場合には生産の目的の決定は複雑となっていく。可能性としてはこれについて様々な在り方が考えられる。善意の社会的計画者が、全員の厚生をもとに何らかの基準を利用して社会的厚生の指標を導き、それを最大化するべく、どのような消費財を生産するかということ、および現在の消費財生産に向けられる労働と、生産財の追加的生産を通じて将来において間接的に消費財の生産に貢献する労働へと、社会に存在する労働をどのように配分するかということに関する決定を行うことも考えられる。このような場合にも、社会的労働はすべてが消費財の生産に結実していくことになる。対して一人の独裁者が、自分の厚生を社会の厚生と同一視し、そのためだけに社会的労働を配分していくという場合もある。この場合についてもすべて

の社会的労働は消費財の生産へと結実することになるが、先の場合と異なり、独裁者の基準のみと結び付いていくという違いがある。配分については大きく異なるとはいえ、消費を行う主体が生産についても決定権をもつ場合については、社会に存在している労働が、現時点における消費財の生産に向かう労働と、追加的生産財の生産を通じて将来の消費の増加に結び付く労働に分割され、すべての労働は通時的に消費財の生産に結実すると考えられる。

　これに対して資本主義においては、生産の決定を持つ主体と消費の主体が異なっている。資本主義社会において労働者は自らで生産手段をもたないがゆえに資本に雇用されなければ生存の手段を手に入れることができない。雇用されることによって賃金という形で収入を得て、それによって消費についての決定を行っているが、企業の生産決定に対しては基本的に関与しない。現在では所得の一部を株式に投資することで法的には個々人も企業の所有者になることができる。しかし日々の投資決定に関しては、基本的に経営者に任せている。収入の一部を投資する目的は、それによって収益を得ることであるため、収益を十分に得ることができる限りにおいて具体的な生産の決定には無関心である。また収益が十分に得られないとしても、株式を売却してしまうことで損失を限定するほうがよい。なぜならば、個人で保有する株式が全体に占める比率は、ほとんどの場合極めて小さく、自己の意見が何らかの影響を及ぼすことが期待できないためである。

　このように資本主義社会においては生産を決定する主体と消費の主体が分離している。また企業は利潤を目的として生産に関する決定を行うのであり、消費財の生産それ自体を、また誰かの厚生を増加することを目的として決定を行っているわけではない。財の生産は利潤を確保する手段として実行される。投資についても同様に利潤を基準としてなされているため、消費の異時点間のバランスについても利潤を基準とした決定の影響を受けることとなる。労働の社会的配分もこれらの結果として出現することになる。先に述べたロビンソン・クルーソーや善意の社会的計画者、あるいは独裁者の場合とは異なり、消費の主体と生産を決定する主体が異なり、かつ生産の目的は消費ではなく利潤の獲得なのであるから、すべての労働が

消費財の生産に結実することは期待できない。ただしこのことが資本主義の維持を必ず不可能にするわけではない。この社会システムによって人々の生存が保証できないのであれば、最終的には資本主義に対する反発が発生し、維持できなくなってしまう。歴史的にみればこのような事態が発生することはなかった。資本主義は利潤が生産の目的であり、消費が直接の目的ではないという特質をもちつつも、結果的には多くの人々の消費を保証すること、また消費の増大を達成することが可能であった。結果的に良好であれば、消費と生産の決定が分離しているとしても、それが問題とはならない。要点は消費と生産の決定が分離し、かつ消費は生産の第一の目的ではないということが引き起こす問題がどの程度であるかという点にある。

　ここまで2節にわたって労働の社会的配分という問題を述べてきたが、次節では図を利用して直感的に理解しやすい形で改めて説明を行う。

Ⅲ　総生産物の分割と労働の社会的配分

　本書における価値の意味について述べた際、それはある財 i を継続的に純生産するために必要となる労働量であると述べた。本書ではそれを基として労働の社会的配分と、それがなされる在り方という視点から分析を行っていくが、以下ではそれについて直感的な説明を行う。数学的な説明については本書の第2章で取り扱う。

　第一に純生産物が1種類しかない場合で説明する。純生産物とは総生産物から、総生産物の生産のために消耗した中間投入財の補填を差し引いた部分である。純生産物が1種類であるとしても蓄積が存在しないとすれば、生産財自体は何種類存在してもよい。このとき経済の総生産物は図1のように分割される。なお便宜上、純生産物は1単位であるとする。

生産財の補填 (A)	純生産物 (B)

|———————————————総生産物———————————————|

図 1

　図 1 で純生産物 (B) については財の種類が 1 種類のみであるが、生産財の補填 (A) の部分については財の種類が複数存在してもよい。総生物のなかで生産財の補填部分が存在しなければ次期において継続して生産をすることができない。本書で利用する t_i は図 1 でいう A 部分と B 部分の生産に必要な直接投下労働量の合計である。

　次に純生産物が複数存在する場合を考える。この場合も上と同様に考えることができる。社会全体の総生産物を純生産物とそのために使用された生産財の補填部分に分割する。また生産財の補填部分については、それぞれの純生産物に対応した形で再分割しており、複数の種類の財を含んでいる。いわば社会全体の経済システムを、各種類の純生産物を継続的に生産しつづけるための「サブシステム」に仮想的に分割するのである。また説明の都合上、純生産物の量はそれぞれの種類で 1 単位ずつのみであるとする。純生産物が 3 種類の場合を例として示すと図 2 のようになる。

第 1 財のための生産財の補填部分 (A)	第 1 財の純生産物 (a)
第 2 財のための生産財の補填部分 (B)	第 2 財の純生産物 (β)
第 3 財のための生産財の補填部分 (C)	第 3 財の純生産物 (γ)

図 2

　このように総生産物を分割した上で、t_1 は A と a の生産に必要な直接投下労働量の合計、t_2 は B と β の生産に必要な直接投下労働量の合計、t_3 は C と γ の生産に必要な直接投下労働量の合計として計算される。ここでは純生産物がそれぞれ 1 単位ずつであったが、純生産物の量に応じてス

カラー倍することで同様に社会全体の生産物を分割することが可能である。

次に純生産物の用途別の分割という観点から社会の総生産物を分割すると、図3のように描くことができる。財の分割については財の種類だけではなく、その用途からも行うことが可能であり、異時点間の消費のバランス、あるいは労働が消費へと結実するかどうかという点から判断する場合には、この視点からの分割が重要となってくる。

純生産物は消耗した生産財を補填した後で残る部分であるため、その部分については自由に処分することができる。単純に廃棄するといったことも可能ではあるが、そのようなことはせずに何らかの意味ある用途に向けられるとするならば、現在の消費として利用するか、将来の生産の拡大に向けて生産財に追加されることになる。生産財の拡大を行う目的は本来的には将来の消費を増加させるためであるため、この分割は将来の消費と現在の消費のバランスがどのようになるかという点と関わりを持つ。このように純生産物を消費と生産財への追加という点で分割して描いたものが、図3である。

消費財のための生産財の補填部分 (A)	消費財としての純生産物 (α)
追加的生産財のための生産財の補填部分 (B)	追加的生産財としての純生産物 (β)

図3

この場合、社会全体で消費財の生産に向けられる労働はAおよびαの生産に投入された直接投下労働量の合計であり、追加的生産財の生産に向けられる労働はBおよびβの生産に投入された直接投下労働量の合計となる。

本章でこれまで述べてきたように、このような形で生産物と、それに対応して労働を社会的に配分していくということはどのような社会であれ普遍的になされてきたことである。しかしそれが具体的にどのような形で行われるかは特定の社会形態によって異なり、また特定の社会形態による普遍的条件の満たし方が、その社会特有の問題を引き起こしている。この観

点から本書では分析を行っていく。そのための道具が投下労働量＝価値ということになる。

Ⅳ　資本主義における判断基準としての価格と、価値を考える重要性

　本書では投下労働量＝価値に注目して分析を行うが、資本主義においては投下労働量が判断基準とされることはない。何らかの社会においては価値を基準とした判断がなされることもあるかもしれないが、少なくとも資本主義においてはそうではない。資本主義において各主体が判断の基準としているのは貨幣単位で表示される価格であり、この二つは次元が異なったものである。

　「価格」は次の体系で計算される。p_i を第 i 財の生産価格、w を名目賃金率、π を均等利潤率として、第 i 財の生産価格は

$$p_i = (1+\pi)\sum_j p_j a_{ij} + w\tau_i$$

として計算される。これを第１財から第 n 財まで連立させて固有値問題として解くことによって価格が計算される。ただしここでは価格の絶対的な水準が決まるわけではなく、相対価格が決定される[5]。このような価値と価格は利潤率 π が正である限り一般に異なるものである。また単なる量的な側面のみでなく、概念的にも価値と価格は異なるものとみなされ取り扱われてきた。それがもっとも明確に表れているのが「転形問題」とよばれた論争である。

　価格と価値の間には違いがあるため、価格次元における変化が、必ずし

5　ただし置塩信雄は、この形で計算されている「生産価格」は、依然として価値次元であるということを強調し生産価格価値という呼び方をしている。実際に π＝0、w＝1 とした場合の「生産価格」p_i は t_i と一致する。１単位の価値を何らかの量の貨幣で表示することによってはじめて貨幣で表示される価格次元へと転形が完了することになる。

も価値次元における類似した変化を引き起こすわけではないということになる。例えば価格次元において所得分配でみてすべての所得が労働者側にあるとする。このとき企業の利潤は 0 となる。しかし労働者が所得の一部を貯蓄し、それが企業の投資の源泉になるならば、労働の社会的配分という視点からは追加的生産財としての純生産物が 0 より大きくなり、社会的労働の一部は追加的生産財の生産に振り向けられることとなる。このとき社会に存在する労働それ自体の増加がないのであれば、消費財の純生産に向かっていた労働の一部を追加的生産財の生産に振り向けなければならないということになる。もちろんこの変化は直接に価値次元が認識されて実行されるわけではなく、価格次元において追加的生産財の需要が発生したことにより、生産財の価格が上昇したことに反応して生産財企業の操業が活発化すること、逆に消費財については需要が低下し、それに対応して価格が低下したことにより消費財生産企業の操業が低下することにより引き起こされるものである。価格次元で人々は判断を行っているのであって、価値次元で判断を行っているわけではない。

　このように個別の経済主体は資本主義においては価格次元を判断基準として行動するのであり、その結果として価値次元における変化が引き起こされているということになる。ではこのことが何か問題を生じさせるのであろうか。価格次元における最適化行動の結果が、価値次元において何らかの問題を発生させるということは、価格と価値は別の次元なのであるから当然考えられる。しかしそれは何らかの大きな問題を引き起こすであろうか。もしも大した問題がないというのであれば、価値次元で何が生じたとしても問題はない。

　価格次元を基準とした合理性が価値次元においては必ずしも合理的ではないということは、置塩信雄が、いわゆる置塩定理に関連して問題とした

ことであった[6]。そこでは資本が価格次元において費用を基準として行う技術選択が、価値次元においては投下労働量の増加を招くことがあるということが述べられている。投下労働量の増大がどのような問題を引き起こすかということに関しては次の制約式により理解される。第 i 財の純生産物を y_i、経済における総労働量を L として次の式が成り立つ。

$$\sum_{i=1}^{n} y_i t_i = L$$

純生産物とその価値を掛け合わせたものの合計は労働量と一致する。この式は労働量 L とある技術体系を所与として可能な純生産物の組み合わせの集合を、いわば純生産可能性フロンティアを示す。投下労働量が増加するということは、労働量を所与とした場合に純生産物量はいずれかの財において必ず減少しなければならないということを意味する。これが、投下労働量 t_i が増加することが引き起こす根本問題である。貨幣単位で表示される価格ではなく財それ自体でみる場合に、必ず何らかの財の純生産物量が低下しなければならない。このことを純生産物の分配という視点から考えるならば、分配上の問題が発生するということを意味する。このとき消費財が低下するのであれば厚生水準が低下することになる。もちろん労働投入量を増加させるのであれば、投下労働量の増加が引き起こされる場合であっても、純生産物量の維持あるいは増加さえも引き起こすことは可能である。しかしこの場合、労働者人口それ自体が増加するという長期的な場合以外であれば、一人あたりの労働時間増加によるしかなく、それは余暇時間を削って行われるほかはない。そのため生活の質という点で問題が発生する。

6　置塩定理はマルクスの示した利潤率の傾向的低下法則に対する批判という点が注目され、特に欧米マルクス学派の中では現在に至っても批判の対象とされている。しかし置塩定理の中で重要なことは、資本は価格を基準として行動を決定するのであり、価値を基準としてはいないという選択行動が引き起こす問題の検討にもあった。こちらの側面はその後の置塩定理をめぐる論争の中ではほとんど無視されていくことになる。

　我々の日々の生活は価格次元でなされ、かつ名目貨幣額によって意思決定がなされている。その結果として価値次元の変化は従属的になされている。しかし、我々の厚生に関わるのは実質的に利用することが可能な物財の量である。実質こそが重要なのであり、貨幣量として表現される名目が問題となるのではない。以上の技術変化の例で述べたように、名目でみれば合理的な変化が、実質においては問題を引き起こしていることがある。しかし、そのことは直接的に認識されることはない。この実質次元における変化をとらえる指標が価値なのであり、そこに価格次元とは別に投下労働量という視点からの価値次元を考える意味があるのである。

　本書では普遍的な条件を満たす特殊な方法が資本主義に特有の問題を引き起こしているという視点に立ち分析を行っている。このような視点に立つ場合、資本主義において発生している問題は2種類に分類される。一つは資本主義内部においても解決が可能な問題である。二つ目は資本主義という特殊な形態をとること自体が引き起こしている問題であり、こちらのほうは資本主義の枠内では完全な解決が不可能ということになる。2番目の問題は資本主義の本質それ自体から生じる問題であるため、それをとらえるためには資本主義を相対化して考えることが必要となる。資本主義を与件、あるいは超歴史的な存在としてとらえずに、歴史的に特殊な形態であるという視点に立つ分析を可能とするためには、資本主義、あるいは特殊な社会においてのみ発生する諸形態をベースとするのではなく、人類史を通じて普遍的に必要とされているものをベースとして考える必要がある。それが本書において「価値」を基準として考える理由である。

参考文献

大西広（2020）『マルクス経済学（第3版）』慶應義塾大学出版会

置塩信雄（1957）『再生産の理論』創文社

―――（1977）『価値と価格の理論』筑摩書房

中谷武（1994）『価値、価格と利潤の経済学』勁草書房

松尾匡・橋本貴彦（2016）『これからのマルクス経済学入門』筑摩書房

第2章　投下労働量の意味

はじめに

　本章では「価値」の計算を簡単に説明する。それを計算するにあたって産業連関表で使用されるレオンチェフ逆行列との対応関係を明示的に述べ、置塩の方式で定義されるある財の価値とは、その財を1単位純生産するために生産される各財の生産量に、それらの財の生産に必要な直接投入労働量を足したものとなるということを再度確認する。

　また投下労働量＝価値の意味を再度確認するとともに、置塩の搾取の定義は、経済におけるサブシステムとよばれる単位でのC、V、Mの集約的表現となっているということを述べる。

I　「価値」の計算方法

　置塩信雄はいわゆる価値方程式を価値の定義に使用した。この定義自体がマルクスのものとは異なっているという主張は強いものがある。筆者もこの「価値」はマルクス自身のものとは意味が異なっており、別個のものととらえることによって、それが持つ積極的な意味をより展開しやすいと考えている。以下では改めて置塩の「価値」とは何であるかを、産業連関表におけるレオンチェフ逆行列と明示的に対応させながらみる[1]。

　以下では a_{ij} を第 i 財 1 単位の生産に投入される第 j 財の量、τ_i を第 i 財の生産に投入される直接労働量、t_i を以下の式で計算される第 i 財の価値、

---

[1]　価値方程式や価格方程式について説明したものについては多くのものがある。最新の簡単な入門書としては、山﨑（2019）がある。

x_i を第 i 財の総生産量、c_i を純生産量とする。

各財の価値は次の価値方程式で計算される。なお以下では自明な解以外で、少なくとも一つの i について非負となる、経済学的に意味がある場合を前提とする[2]。

$$
\begin{aligned}
t_1 &= a_{11}t_1 + \cdots + a_{1n}t_n + \tau_1 \\
&\vdots \\
t_n &= a_{n1}t_1 + \cdots + a_{nn}t_n + \tau_n
\end{aligned}
\tag{1}
$$

これを行列表示すると、

$$
\begin{pmatrix} t_1 \\ \vdots \\ t_n \end{pmatrix} = \begin{pmatrix} a_{11} & \cdots & a_{1n} \\ \vdots & \ddots & \vdots \\ a_{n1} & \cdots & a_{nn} \end{pmatrix} \begin{pmatrix} t_1 \\ \vdots \\ t_n \end{pmatrix} + \begin{pmatrix} \tau_1 \\ \vdots \\ \tau_n \end{pmatrix}
$$

となり、これを計算すると、

$$
\begin{pmatrix} t_1 \\ \vdots \\ t_n \end{pmatrix} = \begin{pmatrix} 1-a_{11} & \cdots & -a_{1n} \\ \vdots & \ddots & \vdots \\ -a_{n1} & \cdots & 1-a_{nn} \end{pmatrix}^{-1} \begin{pmatrix} \tau_1 \\ \vdots \\ \tau_n \end{pmatrix}
\tag{2}
$$

となる。各財の価値は (2) 式を計算することで示される。

この方式によって計算される価値が何であるかと言えば、それは、第 i 財 1 単位を純生産するために必要な直接・間接の投下労働量である。より具体的に述べると、経済において第 i 財の純生産 1 単位を得るために必要な各財の生産量に、その財の生産に必要な直接労働量をかけたものである。第 i 財の純生産量とは、第 i 財の総生産量から、その期に財を生産するための中間投入として使用された第 i 財の補填量を引いたものである。ある経済における各財の総生産量を、$(x_1 \cdots x_n)$ とすると、これだけの総生産量を生産するために中間投入として使用された第 i 財は、$x_1 a_{1i} + x_2 a_{2i} + \cdots + x_n a_{ni}$ となる。第 i 財の総生産量 x_i からこれを引いたもの、つまり、$x_i - (x_1 a_{1i} + x_2 a_{2i} + \cdots + x_n a_{ni})$ が第 i 財の純生産量となる。(2) 式で計算される t_i は、このように定義される純生産としての第 i 財を 1 単位再生産するため

2　どのような場合に経済学的に意味があるのかについては多くの文献が触れている。例として置塩（1957）。

の投下労働量である。

このことは以下の物量方程式をみることで明確となる。以下では表記上の便宜のために次のように定義する。

$$
\begin{pmatrix} 1-a_{11} & \cdots & -a_{1n} \\ \vdots & \ddots & \vdots \\ -a_{n1} & \cdots & 1-a_{nn} \end{pmatrix}^{-1} = \begin{pmatrix} b_{11} & \cdots & b_{1n} \\ \vdots & \ddots & \vdots \\ b_{n1} & \cdots & b_{nn} \end{pmatrix} \tag{3}
$$

この定義を利用すると、第 i 財の価値 t_i は、

$$
t_i = \sum_j b_{ij}\tau_j \tag{4}
$$

として計算される。つまり t_i は第 j 財 1 単位あたりの生産に必要な直接労働量 τ_j に b_{ij} をかけ、それを足し合わせたものとなるが、では b_{ij} とは何を意味しているのかが問題となる。

物量次元において各財が無駄なく中間投入部分および純生産部分に分割されるならば、次の式が成立する。

$$
\begin{aligned}
x_1 &= a_{11}x_1 + \cdots + a_{n1}x_n + c_1 \\
&\quad\vdots \\
x_n &= a_{1n}x_1 + \cdots + a_{nn}x_n + c_n
\end{aligned}
$$

となる。ここで x_i は第 i 部門の総生産物量を、c_i は第 i 部門の純生産物量を意味する[3]。上の式の意味を述べておくと、第 i 財の総生産量は、他の財の生産のための中間投入として使用される部分および純生産物量部分から成るということである。これを行列表示にすると、

$$
\begin{pmatrix} x_1 \\ \vdots \\ x_n \end{pmatrix} = \begin{pmatrix} a_{11} & \cdots & a_{n1} \\ \vdots & \ddots & \vdots \\ a_{1n} & \cdots & a_{nn} \end{pmatrix} \begin{pmatrix} x_1 \\ \vdots \\ x_n \end{pmatrix} + \begin{pmatrix} c_1 \\ \vdots \\ c_n \end{pmatrix}
$$

となる。これを解くと、

3　労働者のための消費財は純生産の一部が充てられる。経済を再生産していくためには労働者の消費財は不可欠である。消費財部分を純生産物量から差し引いたものについて、置塩は剰余生産物と呼称している。

$$\begin{pmatrix} x_1 \\ \vdots \\ x_n \end{pmatrix} = \begin{pmatrix} 1-a_{11} & \cdots & -a_{n1} \\ \vdots & \ddots & \vdots \\ -a_{1n} & \cdots & 1-a_{nn} \end{pmatrix}^{-1} \begin{pmatrix} c_1 \\ \vdots \\ c_n \end{pmatrix} \tag{5}$$

となる。純生産ベクトル c が与えられた場合、その純生産を獲得するために必要な中間投入としての各財の生産量を含めた総生産ベクトル x が (5)によって計算される。これは周知のように産業連関表を利用した波及効果分析で使用される式である。(5) 式において、純生産ベクトル c の第 i 要素のみを 1 とし、その他を 0 として計算される総生産ベクトル x は、(5)式中の逆行列の第 i 列となる。これは第 i 財のみを 1 単位純生産し、その他の財においては厳密に中間投入財としての用途のみを生産する場合の、経済全体における総生産ベクトルである。言い換えると、第 i 財 1 単位を純生産するために必要な中間投入を含めた各財の総生産量を与える。

　ここで転置行列の逆行列は逆行列の転置であるという関係[4]を利用すると、(5) 式は (3) 式の定義を利用して、

$$\begin{pmatrix} x_1 \\ \vdots \\ x_n \end{pmatrix} = \begin{pmatrix} b_{11} & \cdots & b_{n1} \\ \vdots & \ddots & \vdots \\ b_{1n} & \cdots & b_{nn} \end{pmatrix} \begin{pmatrix} c_1 \\ \vdots \\ c_n \end{pmatrix} \tag{6}$$

となる。よって第 i 財 1 単位のみを純生産する場合の経済全体における総生産量は、

$$(b_{i1} \cdots b_{in})'$$

によって計算される。このことを踏まえて (4) で示された t_i の式をふりかえると、価値方程式によって計算される価値の意味が明瞭となる。それは第 i 財 1 単位を純生産する場合の第 j 財の生産量 b_{ij} に、第 j 財 1 単位の生産に必要な直接労働量 τ_j をかけたものを、すべての財 j に対して足し合わせたものである。つまり第 i 財 1 単位を純生産するために必要な各財の生産に投下される直接労働量の総和である。

　この大きさは再生産を無視して第 i 財 1 単位を生産するために必要な財

4　正則行列 A に対して、$(A^T)^{-1} = (A^{-1})^T$ が成立する。

の総量と一致しない。継続的に再生産を行うことを考慮せずに、1回だけ第 i 財を生産するだけであれば、必要な第 j 財の量は a_{ij} によって与えられる。これは b_{ij} と一般に異なる。b_{ij} は第 i 財を生産するために消耗した第 j 財の補填を含む生産量、言い換えると継続的な再生産を可能とする生産量である。

　$t_i = \Sigma_j b_{ij}\tau_j$ は次のように変形可能である。b_{ii} は第 i 財を1単位純生産する場合の第 i 財の総生産量を示すので、純生産1単位＋中間投入として使用される量である。そのため必ず1以上である。これに注意すると次のように変形できる。

$$t_i = b_{i1}\tau_1 + \cdots + b_{i,i-1}\tau_{i-1} + (b_{ii}-1)\tau_i + b_{i,i+1}\tau_{i+1} + \cdots + b_{in}\tau_n + \tau_i \qquad (7)$$

この変形によって t_i は第 i 財1単位を純生産するために必要な各財の生産に必要な直線労働量の和であることがはっきりとわかる。(7) 式の右辺で $b_{i1}\tau_1 + \cdots + b_{i,i-1}\tau_{i-1} + (b_{ii}-1)\tau_i + b_{i,i+1}\tau_{i+1} + \cdots + b_{in}\tau_n$ の部分は中間投入財として利用される各財の生産に必要な直接労働量の合計となり、最後の τ_i は中間投入財としての各財の生産に投入された労働量とは別に、純生産物としての第 i 財1単位を生み出すために必要な直接労働量である。t_i はそれ自身の中に中間投入財の生産に必要な労働量についても集約的に含んだものとなっているのである。そのため t_i を用いて投下労働量を評価する場合は、純生産物としての物量のみに限定することが、その定義上妥当である。

II　経済のサブシステムへの分割

　前節でみたように、t_i の計算においては第 i 財の生産に必要とされる中間投入財の生産に必要な投下労働量がすでに考慮されている。ここで考慮されている投下労働量は、第 i 財の1単位の生産に直接必要な物量に対してのみではない。第 i 財1単位の生産には、第 j 財が a_{ij} 単位必要である。第 j 財を a_{ij} 単位生産するためには第 k 財が $a_{ij}a_{jk}$ 単位必要である。このような波及効果部分の生産についてもすべて含めて第 i 財の純生産1単位に必要な中間投入財の集合が構成されている。そのため t_i の計算におい

て考慮されている中間投入部分とは、ある特定の部門における中間投入部分 $(a_{i1}\cdots a_{in})$ と一致しない。このことは産業連関表の考え方からも明らかである。そのため t_i をベースとして考えていくならば、部門分割の仕方を通常の部門とは異なったものへと変更したほうが良い場合もある。

　ここで、サブシステム[5]を次のように定義する。第i財のサブシステムとは、第i財1単位を純生産するための生産システムである。第i財以外の財については、定義より純生産はされず、中間投入として必要な部分のみが生産される。このシステムは各財の総生産量

$$(b_{i1}\cdots b_{in})'$$

と労働量 t_i のペアによって与えられる。このサブシステムは投入係数が a_{ij} および τ_i で与えられている場合に、各財の生産量を $(b_{i1}\cdots b_{in})$ とし、それに対応して労働を各部門に配分することによって第i財1単位の純生産を継続的に行うことが可能な独立したシステムである[6]。

　また第i財の純生産量が c_i で与えられる場合には、各財の生産量および労働量を、それぞれ c_i 倍することによって c_i の純生産を継続的に行うことが可能である[7]。

　以下でみるように、ある経済における財の総生産量は、各財に対するサブシステムの集合として完全に分割可能である。第i財のサブシステムは、第i財1単位を純生産するためのシステムであるため、ある経済において実際に観察される第i財の生産部門とは異なったものであり、仮想的に構築されたものである。以下では第i財についてのサブシステムを第iサブシステムとよぶ。

5　サブシステムとの呼称はスラッファによる。

6　各サブシステムが拡大をする場合には、必要な生産財については他のサブシステムから調達する必要がある。各サブシステムが拡大再生産においても他のサブシステムとの交換を行なわず自立的に拡大できるように拡張したものとして、パシネッティのハイパー・インテグレティッド・セクターの概念がある。

7　この性質は (6) 式から容易に確かめられる。つまりサブシステムは規模について収穫一定である。

ある経済において以下の物量関係が成立しているとする。

$$x_1^* = a_{11}x_1^* + \cdots + a_{n1}x_n^* + c_1^*$$
$$\vdots$$
$$x_n^* = a_{1n}x_1^* + \cdots + a_{nn}x_n^* + c_n^*$$

第 i 財の総生産量は x_i^* であり、各財を生産するための中間投入に $a_{i1}x_i^* + \cdots + a_{ni}x_n^*$ 量が使用され、純生産物は c_i^* である。(6) 式の形に変形すると、

$$\begin{pmatrix} x_1^* \\ \vdots \\ x_n^* \end{pmatrix} = \begin{pmatrix} b_{11} & \cdots & b_{n1} \\ \vdots & \ddots & \vdots \\ b_{1n} & \cdots & b_{nn} \end{pmatrix} \begin{pmatrix} c_1^* \\ \vdots \\ c_n^* \end{pmatrix}$$

となる。これを展開すると、

$$x_1^* = b_{11}c_1^* + \cdots + b_{n1}c_n^*$$
$$\vdots \tag{8}$$
$$x_n^* = b_{1n}c_1^* + \cdots + b_{nn}c_n^*$$

となる。これにより経済全体の総生産量がサブシステムの観点からどのように分割されるかがわかる。

　例として第 1 財についての物量を表す、$x_1^* = b_{11}c_1^* + b_{21}c_2^* + \cdots + b_{n1}c_n^*$ を使用する。b_{ij} は第 i 財が 1 単位純生産される場合に必要となる第 j 財の総生産量であることをふまえると、この式は第 1 財の生産量が次の合計からなることを示す。右辺第一項の $b_{11}c_1^*$ は第 1 財の純生産量が c_1^* である場合に必要となる第 1 財の総生産量である。つまり第 1 サブシステムにおいて第 1 財の純生産量が c_1^* である場合に生産される第 1 財の総生産量である。これは純生産としての第 1 財と、そのための中間投入財として使用されている第 1 財の両方を含む量である。右辺第二項の $b_{21}c_2^*$ も同様に考えて、第 2 サブシステムにおいて第 2 財の純生産量が c_2^* である場合に生産される第 1 財の総生産量である。これについてはすべてが第 2 財の純生産のための中間投入として利用される。同様に、$b_{n1}c_n^*$ は第 n サブシステムにおいて第 n 財の純生産量が c_n^* である場合に生産される第 1 財の量であり、これも第 n 財の純生産のためにすべてが中間投入として利用されるものである。つまり、経済における第 1 財の総生産量 x_1^* は、第 i サブシステムにおいて第 i 財の純生産物が c_i^* である場合に生産される第 1 財の総生

産量を合計したものとなる。サブシステム単位での第 1 財の総生産量の総
計が社会全体での第 1 財の総生産量となる。

　同様のことが (8) 式の、第 2 財から第 n 財に関する式についてもいえる。
そのため、ある経済における各財の生産量は、サブシステム単位での生産
量に完全に分割することが可能である。

　(8) 式に含まれる第 i 式の両辺に τ_i をかけ、すべての式について合計を
とり (4) 式で示される t_i の計算式を利用すると、

$$t_1 c_1^* + \cdots + t_n c_n^* = \tau_1 x_1^* + \cdots + \tau_n x_n^* \tag{9}$$

が得られる。この式の右辺は各財の生産量×その財 1 単位生産への直接労
働投入量であるため、現実に支出された総労働である。価値方程式によっ
て計算される各財の価値×各財の純生産量＝経済全体での総労働というよ
く知られた関係式が導かれる。

Ⅲ　C、V、M への分割

　以上で置塩型の価値の意味を述べてきたが、この場合にいわゆる C、V、
M への分割はどのようにすべきであるのかを考える。置塩型の C、V、M
分割は、置塩の搾取の定義の中にその妥当な展開が含まれている。言い換
えると、置塩の定義における搾取とは C、V、M 分割を集約的に表すもの
となっている。以下でそれを示す。なお以下の議論では単純化のために、
社会の成員はすべて労働者であるとして議論を展開している。

　置塩型の搾取率の定義は次のようになる。$w = (w_1 \cdots w_n)'$ を一時間労働あ
たりの実質賃金率ベクトルとする。実質賃金率ベクトルは労働者が消費す
る実際の物量単位で定義されている。これを利用して 1 労働時間あたり
の搾取は、

$$1 - \sum_i w_i t_i \tag{10}$$

によって定義される。$\sum_i w_i t_i$ は一時間労働あたりで労働者が獲得する実質

賃金財を純生産物として獲得するために必要な直接・間接の投下労働量の合計である。つまり労働者が実質賃金財を純生産物として継続的に獲得し続けるためには社会的にどれだけの労働が必要であるかということを意味しており、置塩はこれを必要労働としている。t_i の計算方法からわかるように、実質賃金財に含まれている投下労働量は特定個人の投下労働量ではなく、社会全体において、実質賃金財 1 単位を純生産するために必要な労働量なのであるから、社会的な労働量と関連する。そのため (10) 式はそれ自体で「労働者階級」に所属する平均的な労働者に対しての計算となる。

　支出された総労働時間を L として、それを (10) 式にかけると、社会全体での搾取量が計算される。それは

$$L - \sum_i w_i L t_i$$

となる。ここで $w_i L = W_i$ とすると、それは労働者全体で消費した第 i 財の総量となる。(9) 式から、$t_1 c_1 + \cdots + t_n c_n = L$、つまり社会全体の純生産物の価値は総労働時間に等しくなるためこれを代入して書き換えると、

$$L - \sum_i w_i L t_i = \sum_i (c_i - W_i) t_i \tag{11}$$

となる。(11) 式は置塩の定義による搾取とは何かを明らかにする。それは社会全体で見た場合の純生産物の分割問題であり、社会的な総労働の分割問題である。つまり、労働者の消費に入る財を、そのための中間投入財の生産を含めて継続的に再生産していくための労働への社会的配分（$\sum_i W_i t_i$）と、その他の用途に向かう純生産物への労働の配分（$L - \sum_i W_i t_i$）の問題、これが置塩の搾取の問題であり、これを集約的に表示しているものが搾取量となる。

　次に C、V、M への展開を行う。注意すべきは、以下で行われる展開は本文中で述べた第 i サブシステムにたいして行われるものであり、実際の経済で観測される部門 i の C、V、M 分割とは異なる。マルクスの意図は

個別資本でみた不変資本部分、可変資本部分、剰余価値部分への分割であって、以下の C、V、M 展開はマルクス自身のものとは異なる。

第 i 財の純生産物の価値 $c_i t_i$ に (7) 式を代入すると、

$$c_i t_i = c_i(b_{i1}\tau_1 + \cdots + b_{i,i-1}\tau_{i-1} + (b_{ii} - 1)\tau_i + b_{i,i+1}\tau_{i+1} + \cdots + b_{in}\tau_n) + c_i\tau_i \quad (12)$$

である。これが第 i 財の純生産に向けられる直接・間接の投下労働量の合計である。右辺の第一項が c_i の生産のための波及効果を含めた中間投入財の生産に向けられる労働であり、第二項が純生産物としての第 i 財の生産それ自身に向けられる労働である。第一項が C 部分に対応し、第二項が V+M に対応する。

この純生産物の中で労働者の消費財に向けられるのは W_i である。そのための投下労働量の合計は、

$$W_i t_i = W_i(b_{i1}\tau_1 + \cdots + b_{i,i-1}\tau_{i-1} + (b_{ii} - 1)\tau_i + b_{i,i+1}\tau_{i+1} + \cdots + b_{in}\tau_n) + W_i\tau_i \quad (13)$$

となる。(12) 式と同様に右辺の第一項は、W_i の純生産物を得るための中間投入財の生産に投じられた労働であり、第二項は W_i の生産に直接投下された部分である。同様に第 i 財に関する搾取にあたる部分 $(c_i - W_i)$ に投下される労働は、

$$(c_i - W_i)t_i = (c_i - W_i)(b_{i1}\tau_1 + \cdots + b_{i,i-1}\tau_{i-1} + (b_{ii} - 1)\tau_i + b_{i,i+1}\tau_{i+1} + \cdots + b_{in}\tau_n) + (c_i - W_i)\tau_i \quad (14)$$

意味としては、純生産物が $(c_i - W_i)$ に置き換えられたのみで (13) 式の場合と全く同様である。ただし $c_i - W_i$ は労働者が現在消費する純生産物ではないという点で W_i とは異なる。自明であるが、(13) 式と (14) 式の和は (12) 式である。

これらの展開により、C、V、M は次のようになる。C は (13) 式および (14) 式の中間投入財の生産に投入された労働部分であり、

$$C = c_i(b_{i1}\tau_1 + \cdots + b_{i,i-1}\tau_{i-1} + (b_{ii} - 1)\tau_i + b_{i,i+1}\tau_{i+1} + \cdots + b_{in}\tau_n)$$

となる。V 部分は労働者が消費する純生産物の生産に直接投入された労働

であり、

$$V = W_i\tau_i$$

M 部分は労働者が現在消費するわけではない純生産物の生産に直接投入
された労働であり、

$$M = (c_i - W_i)\tau_i$$

となる。

　この意味でのVとMは労働者への賃金および利潤とは意味が異なって
おり、マルクスオリジナルのものとは異なる。置塩型の搾取量はこのよう
な形式でのC、V、Mへの展開をその中に含んだものである。この形での
展開は実際の経済で観察される部門とは異なるため、労働の社会的配分と
いう観点から有効となるものである。

まとめ

　本章では置塩型の投下労働量が何を意味するのかを改めて明確に述べた。
物量方程式と明示的に比較することにより、置塩の価値は、ある財1単
位を純生産するための、直接要求される中間投入財だけではなく、中間投
入財のための中間投入財の生産、つまり波及効果部分の生産も含めた生産
に必要な直接労働量の総和であることが明確となる。置塩の価値は、この
ような中間投入財の生産に要する労働量についても集約的に含んだ大きさ
となっている。

　置塩の価値を計算する際に考慮されている中間投入財部分は波及効果部
分も含めたものであるため、直接的な中間財投入量 a_{ij} とは異なったもの
である。そのため置塩の価値を利用して計算を行う場合、部門についての
再編成を行うことが妥当である。そのための方法として、サブシステムへ
の分割を説明した。このサブシステムは第 i 生産物のみを純生産するため
の独立したシステムである。置塩の価値の性質からすると直接的な投入量
から構成される部門単位ではなく、波及効果部分についても考慮に入れて
仮想的に構成されるサブシステム単位で分析を行うことが有用な場合があ

る。

　置塩の価値の定義がマルクス自身のものとは異なるということ、あるいはそもそも置塩の体系はマルクスオリジナルのものとは異なるということは従来指摘されてきたことであるが[8]、それは単に現実的な時間の中でとらえるか、それとも一般均衡論的な静止した時間の中でとらえるかといった違いではなく、より根本的な違いを内に含むものといえる。第 1 章で述べたことであるが、置塩の「価値」は労働の社会的配分という視点から物事をとらえるうえで重要となるものであるといえよう。

参考文献

置塩信雄（1957）『再生産の理論』創文社

森岡真史（2010）「置塩経済学の理論と方法：一つの批判的評価」『季刊経済理論』
　47 巻第 2 号、89–100 頁

山﨑好裕（2019）『入門　数理マルクス経済学』ナカニシヤ出版

8　置塩経済学のまとめとしては森岡（2010）が参考となる。

第3章　投下労働量と利潤量

はじめに

　置塩の搾取量は投下労働量によって以下のように定義される。前章で述べた価値方程式によって計算される各財の価値を t_i、労働者の名目賃金率を w、それによって購入する消費財の量を b_i として、１労働時間あたりの搾取量 e は、

$$e = 1 - \sum_i b_i t_i$$

となる。労働者が支出した労働量と、その労働によって獲得した賃金によって購入する財に含まれる労働量の差が搾取量として定義されている。
　数理マルクス派の立場からは均等利潤率は価格方程式から計算される。それは以下の式で計算される。各財の価格を p_i、均等利潤率を π、a_{ij} を第 j 財１単位の生産に投入される第 i 財の量、l_i を第 i 財の生産に投入される直接労働量として、賃金前払いの場合には価格方程式は次のようになる。

$$p_1 = (1 + \pi)(a_{11}p_1 + a_{21}p_2 + \cdots + a_{n1}p_n + wl_1)$$
$$\vdots$$
$$p_n = (1 + \pi)(a_{1n}p_1 + a_{2n}p_2 + \cdots + a_{nn}p_n + wl_n)$$

この式から利潤率 π は計算されることになる。この数学的性質についてはすでに多くの文献が存在している。しかし価値方程式と価格方程式を利用して説明される体系は価値と価格の二元論といわれるように、利潤率の大きさが労働量とどのように関連しているかについては、直感的には明確ではない。正の利潤率と剰余労働の存在の同値性についてはいわゆるマルク

スの基本定理で示されているが、直接的な意味付けについては理解することが難しい。本章では利潤の大きさを労働の社会的配分という観点と関連づけて解釈することを試みる。

I　投下労働量による搾取量と利潤量で購入される労働量の関係性

　労働者の名目賃金率を w、第 i 財の価格を p_i、購入した第 i 財の数量を B_i とする。なお個別労働者が購入した財の数量は異なっていてもよい。社会全体での労働者の購入量を合算した量が B_i である。以下の議論では単純化のために、経済には労働者のみが存在していると仮定する。また置塩は労働者が購入するものは消費財のみであると仮定して搾取量を定義したが、これについても以下の展開では消費財に限定せず展開していく。つまり、いかなる種類であれ労働者が購入した財の総量とする。ただし労働者は純生産物のみを購入し、中間投入財については購入しないものと仮定している[1]。また労働者は収入のすべてを今期支出するという仮定も置いている[2]。

　この場合、次の式が成立する。

$$wL = \sum_i p_i B_i \tag{1}$$

(1) 式の左辺は賃金率×労働量であり、総賃金額である。右辺は各財の値段と購入数量を乗じたものをすべての財で足したものであるので、総支出額にあたる。つまり (1) 式は総収入＝総支出を表している式であり、労働者階級全体としての予算制約式を表す。

1　労働者として獲得した賃金の一部で、生産で消耗した財を補填するための購入を行うといった活動を行っていないということである。

2　支出先としては純投資にあたる追加的生産財を購入してもよい。つまり、貨幣という形態での貯蓄はないが実物として生産財を購入するという形態での貯蓄は可能である。

第 i 財の純生産物量を Y_i とすると次の式が成立する。前章で述べたように、純生産物量とは総生産物量から、財の生産で消耗した中間投入財の補填分を差し引いたものである。なお t_i は価値方程式によって計算される第 i 財の投下労働量である[3]。

$$L = \sum_i Y_i t_i \tag{2}$$

(2) を (1) に代入すると以下の式が成立する。

$$w \sum_i Y_i t_i = \sum_i p_i B_i \tag{3}$$

価格は以下の賃金後払いを仮定した価格方程式で決定されているとする。なお賃金前払いの場合についても後に取り扱うが、後払いのほうが経済学的な意味がわかりやすい簡潔な表現となるのでこちらから取り扱う。価格方程式は以下の (4) 式で表される。

$$(p_1 \cdots p_n) = w(l_1 \cdots l_n) + (p_1 \cdots p_n)\begin{pmatrix} a_{11} & \cdots & a_{1n} \\ \vdots & \ddots & \vdots \\ a_{n1} & \cdots & a_{nn} \end{pmatrix} + \pi(p_1 \cdots p_n)\begin{pmatrix} a_{11} & \cdots & a_{1n} \\ \vdots & \ddots & \vdots \\ a_{n1} & \cdots & a_{nn} \end{pmatrix} \tag{4}$$

(4) 式で π は均等利潤率である。先に述べたように、a_{ij} は第 j 財 1 単位の生産に投入される第 i 財の量を表す。l_i は第 i 財の生産に必要な直接投下労働量である。以下では、$p = (p_1 \cdots p_n)$、$l = (l_1 \cdots l_n)$、$A = \begin{pmatrix} a_{11} & \cdots & a_{1n} \\ \vdots & \ddots & \vdots \\ a_{n1} & \cdots & a_{nn} \end{pmatrix}$ という表記を利用する。この表記を利用して (4) 式は、

$$p = wl + pA + \pi pA \tag{5}$$

としてあらわされる。(5) 式を変形すると、

3　これについて詳しくは置塩（1957）を参照。この方式による研究の一定のまとめとしては中谷（1994）を参照。またスラッフィアンにおいても形式として同様の概念は展開されている。そちらからのものについてはパシネッティの一連の研究である Pasinetti (1977, 1981, 1988) が詳しい。

$$p(I - A) = wl + \pi pA$$

となる。これをさらに変形して、

$$p = wl(I - A)^{-1} + \pi pA(I - A)^{-1} \tag{6}$$

を得る。以下では (6) 式に含まれる $l(I\text{-}A)^{-1}$ と、$A(I\text{-}A)^{-1}$ のそれぞれの意味を考えていく。

　以下では、

$$(I - A)^{-1} = \begin{pmatrix} b_{11} & \cdots & b_{1n} \\ \vdots & \ddots & \vdots \\ b_{n1} & \cdots & b_{nn} \end{pmatrix} = B$$

と表記する。

　最初に $l(I\text{-}A)^{-1}$ を考えるが、これは価値方程式によって計算される第 i 財の投下労働量 t_i となる。価値方程式は第 i 財の価値を t_i とおくと、本章での表記法を利用すると、

$$(t_1 \cdots t_n) = (t_1 \cdots t_n) \begin{pmatrix} a_{11} & \cdots & a_{1n} \\ \vdots & \ddots & \vdots \\ a_{n1} & \cdots & a_{nn} \end{pmatrix} + (l_1 \cdots l_n)$$

となる。これを計算すると、

$$t = l(I - A)^{-1}$$

となることからこれがわかる。なお上の式では $(t_1 \cdots t_n) = t$ という表記を用いた。

　次に $A(I\text{-}A)^{-1}$ について考えていく。これを明示的に行列形式で表記すると、

$$A(I-A)^{-1} = \begin{pmatrix} a_{11} & \cdots & a_{1n} \\ \vdots & \ddots & \vdots \\ a_{n1} & \cdots & a_{nn} \end{pmatrix} \begin{pmatrix} b_{11} & \cdots & b_{1n} \\ \vdots & \ddots & \vdots \\ b_{n1} & \cdots & b_{nn} \end{pmatrix}$$

である。$A(I-A)^{-1}$ の第 i 行第 j 列を d_{ij} とすると、

$$d_{ij} = a_{i1}b_{1j} + a_{i2}b_{2j} + \cdots + a_{in}b_{nj} \tag{7}$$

となる。b_{ij} は B 行列の第 i 行第 j 列であり、第 j 財 1 単位のみを純生産する場合の第 i 財の総生産量を意味している。これを踏まえると、d_{ij} は、第 j 財 1 単位を純生産する場合の各財の総生産量に、その生産に必要な第 i 財の中間投入量を乗じて総和をとったものとなる。つまり第 j 財 1 単位を純生産するために存在していなければならない第 i 財の量を d_{ij} は示している。これにより、$d_{1j}, d_{2j}, \cdots, d_{nj}$ という量のそれぞれの財が存在すれば、第 j 財 1 単位を純生産することができるということになる[4]。

　以上の議論から第 i 財の価格 p_i は次のようになる。

$$p_i = wt_i + \pi \sum_j p_j d_{ji} \tag{8}$$

(8) 式から第 i 財の価格は、それを生産するのに必要な直接・間接の労働投入量に支払われる賃金の合計額と、第 i 財 1 単位を純生産するために必要な中間投入財への支払いに均等利潤率をかけたものの合計となる。

　(8) 式を (3) 式に代入して変形すると次のようになる。

$$w \sum_i (Y_i - B_i)t_i = \pi \sum_i B_i \sum_j p_j d_{ji} \tag{9}$$

4　この考え方は、現在の生産を行うためにはすでにそのための生産財が存在していなければならないという考え方をベースにしている。また産業連関分析のように各部門の連関を明示的に考えているのではなく、新古典派型生産関数のように、あるまとまった量の生産要素を投入し、結果としてある量の産出をえるという考え方である。二つの考え方の違いについては Scazzieri (1990) がまとめている。

(9) 式の右辺のなかで $\sum_i B_i \sum_j p_j d_{ji}$ の意味は次のものである。先に述べたように d_{1j}, d_{2j}, $\cdots$, d_{nj} という量で第1財から第 n 財が存在すれば、第 i 財1単位を純生産することができる。それぞれに価格をかけて足し合わせた $\sum_j p_j d_{ji}$ は、それらの財を市場価格のもとで購入するために必要となる金額、つまり第 i 財1単位を純生産するための中間投入財の購入費用を示す。よって $B_i \sum_j p_j d_{ji}$ は第 i 財を B_i 単位純生産するために必要となる中間投入財の購入費用である。そのため $\sum_i B_i \sum_j p_j d_{ji}$ は、$B_1 \dots B_n$ という量の純生産物を生産するために中間投入財の購入費用として投下される名目資本額を示す。よって (9) 式の右辺は、均等利潤率が π であるときに、労働者が購入する純生産物 $B_1 \dots B_n$ の生産のための名目資本額が生み出す利潤量である。資本は利潤を獲得するために生産を行っているのであるから、これだけの利潤額を獲得できない限り、$B_1 \dots B_n$ の生産を行おうとしない。つまり資本に対して労働者が消費する財の生産を行わせるために、利潤という形態で与えるインセンティブの名目額を示すのが (9) 式の右辺である。この式の両辺を賃金率で割ると、

$$\sum_i (Y_i - B_i) t_i = \pi \sum_i B_i \sum_j \frac{p_j}{w} d_{ji} \tag{10}$$

となる。(2) 式を利用すると (10) 式の左辺は次のように変形される。

$$\sum_i (Y_i - B_i) t_i = L - \sum_i B_i t_i$$

この式が示すように、(10) 式の左辺は総労働時間から労働者階級が購入した財に含まれる労働量を引いたものに等しいため、置塩の定義するところの搾取量である。そのため労働者階級が賃金として獲得したものをすべて支出するという予算制約式は以下の (11) 式の形に変形される。

$$L - \sum_i B_i t_i = \pi \sum_i B_i \sum_j \frac{p_j}{w} d_{ji} \tag{11}$$

この式は剰余労働量と、労働者が消費する財を純生産するための資本額に

よって得られる利潤額によって購入可能な労働量は等しいということを意味している。あるいは、剰余労働量に賃金率をかけたものと、労働者が消費する財を純生産するための資本額によって得られる利潤額は等しいという言い方も可能である。

　なお賃金前払いの場合は次のようになる。このときは賃金部分に対しても利潤率がかかるため、(5) 式は、

$$p = (1 + \pi)wl + pA + \pi pA \tag{12}$$

となる。これを変形すると、

$$p = (1 + \pi)wl(I - A)^{-1} + \pi pA(I - A)^{-1} \tag{13}$$

となる。賃金後払いの場合と比較して右辺に $\pi wl(I-A)^{-1}$ が追加されている点のみが異なっている。そのため

$$p_i = (1 + \pi)wt_i + \pi \sum_j p_j d_{ji}$$

となる。これを (3) 式に代入して変形すると次の式を得る。

$$w \sum_i (Y_i - B_i) t_i = \pi w \sum_i B_i t_i + \pi \sum_i B_i \sum_j p_j d_{ji} \tag{14}$$

また (14) 式の両辺を名目賃金率 w で割ると

$$\sum_i (Y_i - B_i) t_i = \pi \sum_i B_i t_i + \pi \sum_i B_i \sum_j \frac{p_j}{w} d_{ji} \tag{15}$$

という式を得る。

　これらの式は、経済学的意味としては賃金後払いの場合と完全に同一である。(14) 式の右辺第一項を考えると、$wB_i t_i$ は第 i 財を B_i 単位純生産するために必要な労働に支払われる賃金総額である。それをすべての財について合計した $w\sum_i B_i t_i$ は、$B_1 \ldots B_n$ を純生産するための労働量に対して支払われる賃金総額である。そのため $\pi w\sum_i B_i t_i$ は、$B_1 \ldots B_n$ を純生産するため

に必要な賃金支払いとしての資本額に対する利潤量となる。$\pi\sum_i B_i \sum_j p_i d_{ji}$ については賃金後払いの場合と同様に、$B_1 \cdots B_n$ を純生産するために必要な中間投入物に対する支払いとしての資本額に対する利潤量となる。賃金前払いの場合は賃金への支払い部分についても資本額に加算されるため、その部分についても利潤が発生する点が後払い方式の場合と異なっているが、(14) 式の右辺が持っている経済学的意味は賃金後払いの場合と完全に同一である。

II　資本主義における特質と労働配分

　以上導いてきた式は、資本主義社会における労働量の配分に関して何を表しているのであろうか。資本主義社会における生産の特質の一つは、労働者は生産手段を保有していないことである。そのため自己が消費する財を自分で生産することはできず、それについても資本に生産してもらわなければならない。資本は労働者に消費させるために生産を行っているわけではなく、利潤を獲得することが目的である。そのため労働者は資本に自己の消費手段を生産してもらうためには、利潤という形で生産のインセンティブを与えなければならない。(9) 式の右辺、(11) 式の右辺、あるいは賃金前払いの場合は (14) 式および (15) 式の右辺はその利潤額の大きさを、額それ自体、あるいは利潤によって購入できる労働量という形で表現している。置塩の体系は社会に存在する労働がどのような用途に向かっているかという労働の社会的配分という視点を持つものとして理解されるが[5]、この視点から考える場合、これだけの労働量を利潤という形で資本が獲得することを許さない限り、労働者が獲得する財の純生産がなされること自体がないということになる。このことは生産の決定権が資本に存在するという本質から発生したものである。

　以上みてきたように、賃金後払いと前払いの間で、賃金支払い部分を資本額に含めるかどうかという量的な違いは発生するが、経済学的意味とし

5　この見方については松尾（2007）を参照。

ては変わるところはなく以下のようにまとめられる。

　「投下労働量により定義される搾取量は、利潤量によって購入される労働量と一致する」

　またこれを表している式は、労働者階級の収入＝支出という予算制約式から導かれていることにも注目すべきである。労働者階級の収入＝支出という予算制約式は、それ自体は自由な経済取引で満たすべき制約でしかない。しかし価値という観点から見た場合には、完全に自由で平等な市場で行われる取引の結果である収入＝支出という予算制約も、その背後には労働者は生産手段を所有していないがゆえに、自己の消費財を資本に生産してもらうためには社会的労働の一部を資本に支配することを許さねばならないという資本主義社会における本質的関係性が含まれているということを明確に示すことができるのである。

まとめ

　本章では利潤の大きさを労働の社会的配分という視点と関連付けて理解することを行った。本章の分析で示したように、置塩の意味での搾取量は、労働者が消費する財を生産するための資本額から生じる利潤量で購入可能な労働量に等しい。利潤という形態で資本に社会的な労働の一部分を支配することを許す原因は、労働者が生産手段を所有していないことと、資本主義社会における生産は資本に決定権があり、かつ資本は利潤のために生産を行うという点から生じている。労働者が消費活動を行うことは直接的には資本の目的ではない。また労働者は生産手段を所有していないため自分自身で必要とする財を生産することができない。そのため労働者が購入する財を継続的に生産してもらうためには、利潤という形によって社会に存在する労働の一部を「支配」することを資本に許すことによって、資本に生産のインセンティブを与えなければならない[6]。このことは労働者が生

6　この部分は大西（2020）がいうところの「搾取の第二定義」に対応した搾取量である。

産手段を保有していないということと、資本は利潤を目的とするということから発生したものであり、まさに資本主義の本質から生じているものである。

　またこの関係性は、一見したところ搾取とは無関係にみえる労働者階級の収入＝支出という予算制約式から、価値を利用することで導かれる関係性である。このことは価値を利用して分析することで、新たな視点を得ることができるということの一つの例証となっている。

参考文献

大西広（2020）『マルクス経済学（第3版）』慶應義塾大学出版会

置塩信雄（1957）『再生産の理論』創文社

柘植徳雄（2016）「『一般化された商品搾取定理』の検討」、TERG Discussion Paper No.354

中谷武（1994）『価値、価格と利潤の経済学』勁草書房

松尾匡（2007）「規範理論としての労働搾取論─吉原直毅氏による『マルクスの基本定理』批判再論」『季刊経済理論』第43巻第4号、55 – 67頁

Pasinetti, L. (1977) *Lectures on the Theory of Production,* Columbia University Press.（菱山泉ほか共訳『生産理論：ポスト・ケインジアンの経済学』東洋経済新報社、1979年）

── (1981) *Structural Change and Economics Growth,* Cambridge University Press.（大塚勇一郎, 渡会勝義訳『構造変化と経済成長：諸国民の富の動学に関する理論的エッセイ』日本評論社、1983年）

── (1988) "Growing subsystems, vertically hyper-integrated sectors and the labour theory of value", *Cambridge Journal of Economics,* 12, pp.125 - 134.

Scazzieri, Roberto (1990), 'Vertical Integration in economic theory', *Journal of Post Keynesian Economics,* Vol.13, No.1, pp.20 - 46.

第4章 投下労働量の増加が意味するもの

はじめに

　置塩定理は、現行価格と実質賃金率で測って生産費用を低下させるような新技術は、それが基礎部門に導入されるならば、同一の実質賃金率のもとで、新しい均等利潤率を現行の均等利潤率よりも高めるということを主張する[1]。これはマルクス派の理論的支柱の一つでもある利潤率の傾向的低下法則を批判したものであったこと、また欧米マルクス経済学においては利潤率低下の原因を賃金の上昇に帰するというイデオロギー性を有するものとみなされたこともあり[2]、大きな議論を巻き起こすことになった[3]。

　しかし置塩定理をめぐって展開された議論の中で、置塩定理と関連する一つの視点が忘れさられることとなった。それは、利潤を基準とする資

1　これについては Okishio (1961) を参照。また置塩（1978）も参照。中谷（1994）には固定資本設備や新技術を導入した場合についてなど、そののちの理論的発展部分についても収められている。利潤率の傾向的低下法則をめぐる議論のなかにおける置塩定理の位置づけについては、板木（2004）を参照。

2　現在の欧米マルクス派の中で一定の地位を占めている Temporal Single System Interpretation（TSSI）からの批判は、置塩定理それ自体というよりも、このイデオロギー性を対象としたものである。

3　置塩定理を含む議論の全体的な流れとしては、日本においては90年代以降に利潤率の傾向的低下をめぐる議論が沈静化したこともあり、本間・富塚（1994）が参考になる。海外においてなされている「新解釈」とよばれる立場をふくんで、90年代以降の展開をフォローするものとしては森本（2017）が参考となる。

本の技術選択は何らかの問題を引き起こすのかという視点である[4]。置塩は、資本の技術選択は貨幣単位で計算される費用を基準とするのであって、価値が基準となるのではないということを強調している[5]。これまでの章で述べてきたように置塩の体系では価値は投下労働量を意味する。置塩はどれほど投下労働量を低める技術があったとしても、それが現在の技術と比べて現行価格で測った費用を高める、つまり現行価格のもとでの利潤率を低下させるのであれば、資本はその技術を採用しないということを資本主義における技術選択の特性として強調した。そしてこの特性が、置塩定理の結論にとって重要である。置塩は冨塚良三および R. ロスドルスキーの利潤率の傾向的低下法則の妥当性を主張する論証について、有機的構成の無制限の上昇を無条件に成立するものとして仮定するならば、その論証は完全に成立するということを認めている。しかし置塩が問題としたのは、有機的構成の無制限の上昇が、資本によってなされる価格を基準とした技術選択のもとで無条件に成立するといえるかどうかという点であった。つまり置塩は有機的構成の上昇という議論の前提自体の妥当性を根本的に問うたのである。置塩の結論は、資本は貨幣によって表現される価格に基づいて行動を決定するのであって価値次元で行動を決定しているのではないということが、生きた労働÷死んだ労働の値、つまり有機的構成の逆数が十分に低下することをさまたげることになり、それが利潤率の上昇を引き起こすことになるというものであった。置塩定理の仮定のもとでは有機的構成は、利潤率の低下を引き起こすほどに十分には上昇しないのである。

　置塩が強調した資本の技術選択における特性は、投下労働量の変化に対しても影響を及ぼす。投下労働量の次元では、利潤を追求する資本の技術選択の結果としてそれが上昇する場合があるということも示されたのである。これは投下労働量を低下させる技術の集合と、貨幣で測った費用を低

4　この点は置塩（1978）では明確になっている。しかし Okishio (1961) では明確ではない。海外における置塩定理の理解の基礎となっている後者においてこの視点が明確ではないことが、そののちの議論が単純に利潤率の動向をめぐる問題へと限定されていくことになった原因と思われる。

5　置塩（1978）の第 3 章第 4 節の「4　生きた労働／死んだ労働」における議論を参照。

　める技術の集合が一致していないということから生じる。資本が利潤率を
高めるということを基準として採用する技術の中には、投下労働量を増加
させるものも存在しており、資本がこれを採用する場合には、利潤率の上
昇とともに投下労働量は増加していくことになる。

　このように置塩定理と関連して、利潤率の上昇と投下労働量の増加が同
時に発生する場合があるということが示されているが、これが何を意味す
るのかということに関しては管見の限りにおいて十分には検討が進んでき
たとはいえない。この理由としては、置塩定理をめぐる議論においては先
に述べたように利潤率の傾向的低下を批判したという点に注目が集まり、
利潤率の変化の方向性ということにのみ議論の焦点があてられたというこ
とがある。利潤率の変化の裏側で、投下労働量についてはどのような変化
が生じているのかという論点については見過ごされてきた。また置塩定理
に対しては、それがマルクスの妥当な「解釈」ではないという側面からの
批判が強かったということもある。そのため置塩定理に関連して提起され
た積極的な問題意識については見過ごされがちであった。本章ではこのよ
うな点を克服すべく、置塩定理に関連して述べられた、資本の技術選択が
投下労働量の増加を導くことがあるという点に焦点をあて、そもそも投下
労働量の増加はどのような意味で問題であるといえるのかを検討する。

　この問題は利潤率の上昇をどのようにとらえるかということとも関わる。
なぜならば利潤率の上昇それ自体は、置塩定理の前提のもとでは問題とい
えないためである。置塩定理の議論では実質賃金率が一定となっている。
そのため労働者の厚生という意味では何ら変化が発生していない。そのう
えで利潤率の上昇が発生しているのであるから、利潤率の量的な上昇を対
象とするのみでは、その上昇をなぜ問題としなければならないのかという
理由が不明瞭となる。むしろ資本の「厚生」が労働者の厚生を一定とした
まま改善されているのであるから、社会全体でみて状態が改善されている
といえる。利潤率の上昇を問題とするならば、利潤を基準とする資本の技
術選択が投下労働量の増加を引き起こすことがあるという点から探求しな
ければならない。

　本章は次のように構成される。第Ⅰ節では利潤率を上昇させる資本の技

術選択が、投下労働量を増加させる場合があるということについての理論的な説明を行う。第Ⅱ節では投下労働量の増加は純生産物の生産可能性集合を減少させることを意味するということを示し、第Ⅲ節および第Ⅳ節で、それがどのような意味をもっているのかということを、人類社会を維持するための普遍的条件である労働の社会的配分と、その資本主義における特殊な満たされかたという点から考察することで、投下労働量の増加が何を意味しているのかを考察する。最後はまとめである。

Ⅰ　利潤率の上昇と投下労働量の増加の併存

　本章における議論の前提となる、利潤率を上昇させる技術集合と投下労働量を低下させる技術集合が異なっており、その結果として利潤率を上昇させる資本の技術選択が投下労働量の増加を招く場合があるという点を、置塩（1978）の議論を基として簡単に述べる。

　生産財および消費財はそれぞれ1種類であるとする。生産財は生産にのみ使用される財であり、消費財は消費にのみ使用される財である。生産財1単位を生産するのに要する生産財量（資本減耗分ふくむ）を a_1、直接労働量を τ_1、固定設備量およびそのほか生産財量を A_1 とする。消費財1単位を生産するのに必要なそれぞれを a_2、τ_2、A_2 とする。消費財をニューメレールとし、その1単位を貨幣単位とする。つまり消費財の価格は1である。pを生産財の価格、rは平均利潤率とする。単位労働量あたりの消費財で測った実質賃金率をbとする。なお1単位を生産するのに必要な固定設備Aとは、総生産額を所要量で割ったものとして定義されている。これらのもとで、生産財価格および平均利潤率は次の式で計算される。

$$p - (a_1 p + b\tau_1) = r(A_1 p + b\tau_1)$$
$$1 - (a_2 p + b\tau_2) = r(A_2 p + b\tau_2) \tag{1}$$

　この (1) 式から計算される生産財価格pおよび利潤率rが経済学的に意味を持つためには、ともに正でなければならない。そのための必要十分条件は以下の条件が成り立つことである。

$$1 - a_1 > 0, 1 - b\tau_2 > 0$$

$$M = \begin{vmatrix} 1 - a_1 & -b\tau_1 \\ -a_2 & 1 - b\tau_2 \end{vmatrix} > 0$$

これらについては満たされていると仮定する。

(1) 式から p を計算すると以下の (2) 式となる。

$$p = \frac{(1 + r)b\tau_1}{1 - a_1 - A_1 r} = \frac{1 - (1 + r)b\tau_2}{a_2 + A_2 r} \tag{2}$$

　以下では価格が正となる経済学的に有意味な場合にのみ議論を限定し、$1 - a_1 - A_1 r > 0$ であることを仮定する。生産財の価値 t_1 および消費財の価値 t_2 はこれまでの章の議論と同様に、次の連立方程式から計算される。先に述べたように、この価値はそれぞれの財 1 単位あたりの純生産を継続しておこなうために必要なそれぞれの投下労働量を意味している。それぞれの財の価値は、以下の (3) 式を解くことによって計算される。

$$\begin{aligned} a_1 t_1 + \tau_1 &= t_1 \\ a_2 t_1 + \tau_2 &= t_2 \end{aligned} \tag{3}$$

　(1) 式および (3) 式を全微分することによって、現行の生産価格で測って利潤率を上昇させる a_i、τ_i と価値を低下させる a_i、τ_i に関する条件を計算することができる。利潤率を上昇させる a_i、τ_i は次の条件を満たすものである。以下の式で $d\tau_i$ と da_i はそれぞれ τ_i と a_i の変化量を表す。

$$(r + 1)bd\tau_i + pda_i < 0 \quad (i = 1,2) \tag{4}$$

価値を低下させる a_i、τ_i は次の条件を満たすものである。

$$(1 - a_1)d\tau_i + \tau_i da_i < 0 \tag{5}$$

(4) 式と (5) 式の da_i、$d\tau_i$ 平面上における範囲をみるために、(4) 式と (5) 式の左辺がそれぞれ 0 に等しいとした場合の da_i、$d\tau_i$ の集合、つまり利潤率が一定となる da_i、$d\tau_i$ の集合と、価値が一定となる da_i、$d\tau_i$ の集合

を考える。以下では前者を等利潤線、後者を等価値線とよぶ。da_i を縦軸、dτ_i を横軸にとり、等価値線の勾配から等利潤線の勾配を引き、(2) 式を考慮すると次の関係をえる。

$$\frac{\tau_1}{1-a_1} - \frac{p}{(r+1)b} = \frac{\tau_1}{1-a_1} - \frac{\tau_1}{1-a_1-A_1 r} < 0 \tag{6}$$

　等利潤線および等価値線ともにマイナスの傾きをもつが、(6) 式は傾きの絶対値が等価値線のほうが大きいということを示している。この関係を図に示すと図1のようになる。

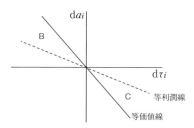

図1　等利潤線と等価値線

　資本が利潤率を高めるものとして採用する技術は、図1で示される等利潤線の南西側である。これに対して価値を低下させる、つまり投下労働量を低下させる技術は等価値線の南西側である。この二つの領域は利潤率が0より大きいならば異なることになる。また (6) 式からわかるように、二つの領域のズレは利潤率が高いほど大きくなる。この図のなかでBと示された領域は、投下労働量を低下させるが利潤率も低下させる技術集合である。そのためこの領域については、それがどれほど価値を低下させるとしても資本が選択することはない。Cの領域は、投下労働量は上昇させるが利潤率についても上昇させる技術集合である。この領域に属する技術変化を引き起こすことは、価値の観点からみればその上昇をもたらすが、資本はそれを考慮することはない。資本にとって重要であるのは利潤率を上昇させることであるため、この領域は資本に選択されることがある。その

場合、利潤率の上昇と投下労働量の上昇が同時に発生することとなる。また利潤率が上昇するほど等利潤線の傾きの絶対値は低下していき水平に近づいていくため、利潤率の上昇と投下労働量の増加が同時に発生するCの領域は拡大していくことになるのである。

Ⅱ　投下労働量の増加と純生産可能性の変化

　前節で述べたように、現行価格で計算して利潤率を上昇させる技術集合と、投下労働量を低下させる技術集合は一致していない。そのため置塩定理の仮定のもとで、利潤率の上昇と投下労働量の増加が同時に発生する場合がある。しかしこのとき実質賃金率も一定である。つまり利潤率が上昇しているにせよ労働者の厚生が低下しているというわけではない。そのため利潤率の上昇が引き起こす問題があるとすれば、投下労働量 t_i の上昇という点に原因が存在しなければならない。この点を検討する最初の段階として、本節では投下労働量と純生産物量の関係性について述べる。

　置塩の体系では、社会に存在する労働量、純生産物量、および各財の投下労働量の間に、ある関係が成り立つ。ここで純生産物とは、社会全体の総生産物から生産で消耗した財の補填を差し引いた残余であり、社会が持続的に再生産される物財的な条件を確保したうえで、自由に処分することが可能な財の集合である。以下では第 i 財の純生産物を y_i という記号で表現する。純生産物から労働者が消費する財を差し引いた残余が剰余生産物であり、財および労働者の再生産を確保したうえで、自由に処分することができる財の集合である。社会に存在する総労働量を L という記号で表す。社会には n 種類の財が存在するとして、以下の式が成立する。

$$\sum_{i=1}^{n} y_i t_i = L \tag{7}$$

この式は、技術によって決定される投下労働量、および社会に存在する労働量を所与とした場合に可能な純生産物量の組み合わせの集合を表すものであり、純生産可能性フロンティアといえるものである。いずれかの財に

おける投下労働量 t_i が増加した場合、(7) 式から労働量に変化がない限り
は、純生産物はいずれかの財においてその量が低下しなければならないと
いうことがわかる。投下労働量の低下が発生する前を第0期、発生した
後を第1期とし、労働量に変化が生じないとすると、

$$\sum_{i=1}^{n} y_i^0 t_i^0 = \sum_{i=1}^{n} y_i^1 t_i^1 = L$$

が成立する。投下労働量がある財について増加する場合には、少なくとも
一つの t_i について、$t_i^0 < t_i^1$ が成立しなければならないため、少なくとも一
つの財について純生産物は減少しなければならない。

　置塩定理においては新技術の採用前後で実質賃金率は一定であると仮定
されている。労働者の実質賃金率は消費財の量で測られるため、労働者の
消費財ベクトルを $(b_1 \dots b_n)$ で表現するならば、これについては新技術の採
用前後で一定となる。これまで述べてきたことにより、労働者が消費する
財の量は仮定より一定であるので、労働者に消費される以外の純生産物、
つまり剰余生産物のいずれかについては、その絶対量が減少するというこ
とになる。剰余生産物についてはその目的が消費であるか蓄積であるかを
問わず資本が購入する。この場合、利潤率は上昇するものの、資本が購入
する財の実質的な数量については低下しているということになる。投下労
働量の増加はこのようなことを引き起こすことになる。

　問題はこれが意味することである。資本は運動する貨幣なのであり、使
用価値はそのための手段でしかない。そのため実質の購入数量が低下した
としても貨幣の増殖率である利潤率が上昇するならば資本にとって問題は
ない。労働者の厚生にとっては使用価値それ自体が問題となるが、実質賃
金率は変化していないのであるから、労働者にとっても厚生の低下は発生
していない。このように考えると、投下労働量の上昇が発生し、資本が獲
得する実質的な財の数量が低下したとしても一見すると問題はないように
思える。何が問題であるかをみるためには、一時的な分配の問題ではなく、
生産に不可欠である社会的な労働の配分という問題と、それが資本主義に
おいてはどのような特殊な形態で解決されているのかという根本的な点か

ら考えなければならない。

Ⅲ　社会的な労働の配分問題

　以前の章でも述べてきたように、人類が生産を行う目的は、本来的には
自然に働きかけて自己の必要とする消費財を獲得することにある。いかな
る消費活動を行わずとも生存していくことが可能であれば生産活動を行う
必要性もないが、そのような選択を行うことは生物学的に不可能である。
そのため、少なくとも自己の生存に必要な消費財についてはそれを入手す
るための活動、つまり生産活動を行わなければならない。生命を維持する
ための最低限のものとしては食糧や飲料水があげられる。また住居や衣服
などについても、より快適な生活を送るためには必要となる。生活を維持
していくためには各種の財の生産が不可欠であるが、生産活動を行うため
には労働が不可欠である。そのため、どのような消費財の生産に労働を振
り向けていくかということを選択しなければならない。
　消費財を生産する場合に、何らかの生産財を利用したほうが有利となる
場合がある。そのような生産のための手段が存在する場合には、どのよう
な種類の消費財の生産に労働を配分するかという問題にくわえて、消費財
の生産と生産財の生産へどのように労働を振り向けるかという、労働の配
分についての新たな選択が必要となる。
　拡大再生産を考える場合には、労働の配分に関する選択問題の数がさら
に増加する。拡大再生産が存在する場合に社会に存在する純生産物を用途
で分類すると、現在の消費にあてるか、将来における消費財を増加させる
ための追加的生産財として蓄積を行うために利用するかという二つの用途
が存在することになる。社会に存在する労働をこの二つの用途に向けて、
どのように分割していくかということについても決定をしなければならな
い。以上述べてきた社会に存在する労働の配分問題を図で示すと、図２と
なる。
　ただし図２では簡略化のために、消費財は１種類としている。そのため
より正確に述べるならば、消費財の中でもどの種類の消費財を生産するか

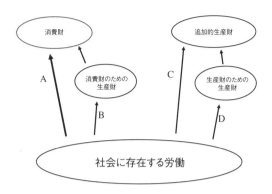

図2　労働の社会的配分

という問題が付け加わることとなる。図2においてはＡが消費財生産の
ために直接投下される労働、Ｂが消費財生産のための生産財を生産すると
いう形で、間接的に消費財の生産に投下される労働である。この合計が現
在の消費財生産のための労働となる。Ｃは追加的生産財を生産するために
直接投下される労働であり、Ｄは追加的生産財のための生産財を生産す
るという形で、間接的に追加的生産財の生産に投入されている労働である。
この合計が追加的生産財生産のための労働となる。またこの部分は将来の
消費財生産に向けられる労働でもある。

　社会に存在する労働は、このような形でそれぞれの用途に向かって分割
されなければならない。そのため、各財の生産に必要な投下労働量を一定
とすると、(7) 式が社会的な制約条件となり、各財の純生産量はそれを満
たさなければならなくなる。この関係をもっとも単純な2種類の消費財、
1種類の追加的生産財という場合で具体的に表すと、

$$y_1 t_1 + y_2 t_2 + y_3 t_3 = L$$

という関係となる。第1財と第2財が消費財であり、第3財が追加的生産
財である。労働の配分問題は、現在の消費と追加的生産財の生産を通じた
将来の消費の増大の間における異時点間の消費バランスをどのようにする
かという問題と、現在の消費における第1財と第2財の間のバランスをど
のようにするかという複合的な問題となる。社会に存在する労働の中でど

れだけを追加的生産財の生産に回すかを消費の主体自らが決定しているのであれば、この形での労働の配分は消費の主体にとって可能な限り有利であるように決定されていくことになる[6]。また、それぞれの財に必要な投下労働量が低下していけば、その分だけある用途への労働の配分を増やすならば他の用途への配分を低下させなければならないという問題が和らいでいくこととなる。これは現時点での消費財の間における労働の配分問題でもそうであるし、現在の消費と将来の消費の間においてもそうである。投下労働量を低下させていくということは、消費を通時的に増加させていくための重要な条件である。生産を行う以上、労働をいかに配分していくかという問題は必ず解決されなければならないが、各財の投下労働量が低下していけばいくほど、この問題は解決しやすくなっていく。

　労働の社会的配分や、投下労働量の変化がどのように具体的な形で解決されているかはそれぞれの社会形態により異なり、その具体的な形がそれぞれの社会における特有の問題を発生させていくことになる[7]。

Ⅳ　資本主義における特殊な解決とそれが引き起こす問題

　前節で述べた労働の社会的配分問題や投下労働量の変化は、どのような

6　このような場合をモデル化したのが、マルクス派最適成長モデルである。これについては大西（2020）、および金江（2013）を参照。本章の問題意識からするならば、マルクス派最適成長モデルは資本主義それ自体のモデルではなく、生産の目的が消費であり、かつ消費の主体に決定権が存在する場合に達成される規範的な経路を示すものであるといえる。

7　ここまでの議論では消費財の増加という、具体的な物財の問題として述べてきたが、もちろん物財ではなく余暇や芸術といった活動に時間を投入するという選択肢もある。しかしそのためにも投下労働量の低下ということは重要な条件となっている。社会の総員がその生活時間のほぼすべてを具体的な財の生産に充てなければならない場合は、余暇や芸術活動を実行することは困難である。あるいは一部の成員は労働から解放されそのような活動を行うことができるが、その他の多くの成員が一日中生産活動に従事しなければならないということになる。社会の全成員がそのような活動を享受することが可能となるためには、各財の投下労働量が低下することが必要である。

社会であっても何らかの形態で決定されている。それがどのような形でなされているかが、それぞれの社会を特徴づけることとなる。

　資本主義社会における労働者は二重の意味で自由であり、生産手段をもたず、かつ身分制的束縛などからも解放されている。そのため賃労働を行い、それによって獲得した貨幣によって自己の必要とする財を市場取引によって購入する。労働者は生産手段を有していないため、自ら生産の決定を行うことはない。対して資本は生産手段を所有しており、生産に関する決定を行う。生産決定を行う主体たる資本は取引によって獲得する利潤を目的として行動している。これらの基本的な特徴が、生産活動の本来の目的である消費が資本主義社会においては直接の目的とされることはなく、利潤を目的とした資本の活動によって結果的に達成されるほかはないという特殊な事態を発生させることになる。生産においてどのような技術を採用するかという選択や、将来の生産拡大のために生産財の蓄積を行うことも資本の決定によるが、そこにおいてもそれが消費につながるかどうかということは問題ではなく、利潤につながるかどうかのみが問題とされる。資本にとって使用価値としての消費財は、あくまで価値の乗り物でしかなく、それ自身が目的となっていない。このような価格次元における利潤追求を目的とした資本の行動により、労働の社会的配分が決定され、また技術の変化を通じて投下労働量の変化が発生している[8]。現時点における各種の消費財の生産に関しても、その通時的な増加についても、それらのどちらについても消費を目的としていない主体の生産に関する決定によって事後的に、かつ間接的な形でのみ解決されていく。このような特殊な形で消費財の生産を実行しているのが資本主義である。

　これまで述べてきたように、置塩定理に関する議論のなかでは、利潤を目的とする資本が生産における決定を担っているという特質が、利潤率の上昇と投下労働量の増加の双方が同時に発生することを引き起こす可能性があるということが示されている。そのようなことが発生した場合、本来

8　より正確には稼働率も影響している。問題を複雑にしないために、ここでは稼働率の問題は捨象して論じている。

的な生産の目的である消費財の獲得という点からみれば、消費に関連する
各種の選択肢の間での制約が厳しくなっているということになる。しかし
資本主義社会における生産決定の主体たる資本がそれを問題として認識す
ることはない。資本は何らかの主体の消費を、そしてそれを通じた厚生の
最大化を目的としているのではなく、貨幣で表示された利潤を目的として
行動している。そのため、このような事態が発生したとしても問題とは考
えない[9]。同じように、労働の側からみてもこれは問題として認識されるこ
とはない。置塩定理においては、実質賃金率は一定として仮定されている。
そのため消費財を純生産するうえでの社会全体での制約条件の強化は、投
下労働量の増加が発生しているにせよ、人々の意識のうえでは発生してい
ないようにみえる。

　しかし追加的生産財の蓄積を通じた消費の増加という点からみると、現
在の消費と将来の消費の間におけるトレードオフが激しくなっていること
を、投下労働量の増加は意味している。現在において消費財の量が低下し
ない以上、投下労働量が増加すれば剰余生産物量は低下せざるを得ない。
資本主義社会において将来の消費財の生産増加に結び付く生産財の蓄積は、
この剰余生産物の中からなされる。そのため剰余生産物量の低下は、潜在
的に可能な将来の消費財の生産増加の程度が低下していくということを意

9　TSSI の「置塩定理」批判は、このような物質的次元における動向と、貨幣次元に
　おける動向が異なる場合があるということを主張しているという点で意味をもって
　いる。TSSI は置塩が定義として利用している利潤率は「物質的」利潤率であるとし
　ており、それは貨幣次元でみた利潤率とは異なるということを述べた。そのうえで
　物質的利潤率が上昇していても、貨幣次元で測った利潤率は低下することがあると
　いう形で置塩定理の結論を批判している。貨幣次元で測った利潤率が低下する場合、
　資本は蓄積を停止することになる。しかしその場合に物質的な利潤率が増加してい
　るのであれば、生産手段を増加させていくことは物質的観点からは有効性を増して
　いるということになる。貨幣次元の利潤率が低下している場合、資本は蓄積を停止
　させてしまうので、物質的観点からは有効性を増していても生産の増加は停止する
　ことになる。資本の歴史的な意義が生産力の増大にあるならば、これは貨幣次元で
　みた利潤率を行動基準とするという資本の本質的な特徴が、その歴史的意義を資本
　が達成することに対して制限をかけているということになる。これは資本主義内部
　では解決することができない問題である。このようなものとして TSSI の「置塩定理」
　批判を積極的な意味を持つものとしてとらえることも可能である。

味する。生産の本来的な目的は消費であるが、資本主義社会ではそれは生産の直接の目的として出現することはなく、利潤を目的とした資本の行動によって間接的に達成されるものにすぎない。資本の利潤追求行動が投下労働量の増加を引き起こしているとすれば、生産の本来的な目的の達成が妨げられているということを意味する。これこそが、投下労働量の増加が引き起こす問題である。

　しかしこれについても労働が問題として認識することはない。資本主義社会においては労働側も生産の決定権は自己になく資本にあるということを当然のこととして受け入れている。そのため将来の実質的な消費財の生産を自己で決定できるとはそもそも考えていない[10]。資本の行動の結果として、将来の消費増大の可能性が低下しているのだとしても、そもそも自己に決定権があるという考え自体を持たないため、これを問題と感じることはないのである。将来における消費財の生産可能性が低下しているにせよ、それが問題として認識されることはない。ここに問題の解決における困難さが存在している。

まとめ

　本章では、置塩定理に関連して述べられた、利潤率を上昇させる技術選択が投下労働量を増加させることがあるということが、どのような問題を引き起こすかということを論じた。置塩定理においては仮定として実質賃金率が一定であり労働者の厚生も一定であるため、利潤率が上昇することそれ自体が問題であるとは直接に言うことはできない。そのため利潤率の上昇が問題を引き起こすとするならば、投下労働量の増加が生じる場合があるという点に求めなければならない。

　生産は本来的には消費財を獲得するためになされるが、生産を行うためには労働が不可欠である。そのため、何らかの形で労働を社会的に配分し

10　自己の所得についてはコントロール可能であるので、自己の消費の異時点間におけるバランスについては決定できる。しかしそれは社会全体における消費財生産の経路を決定しているわけではない。

ていかなければならない。労働の存在量が社会全体での純生産物の可能な組み合わせを制約するが、投下労働量の変化が可能な組み合わせの大きさを変化させていくことになり、社会における各種の財の、純生産における制約条件の厳しさを変化させていく。労働の社会的配分と投下労働量の変化については、どのような社会でも何らかの仕組みで決定されることになるが、それがどのように決定されているのかがそれぞれの社会の特質を形成していくことになる。

　資本主義社会においては、生産の本来の目的である消費は、消費を直接の目的としておらず貨幣単位で計算される利潤を行動基準とする資本の行動によって、間接的に達成される目的に過ぎなくなる。労働の社会的配分も投下労働量の変化も、消費を基準とするのではなく利潤を基準とすることで決定されていくことになる。置塩定理と関連して述べられていたことは、資本が利潤を行動基準としているという性質が投下労働量を上昇させることがあるということである。投下労働量の増加は、将来における消費増大の可能性を低下させていくということにつながる。これは生産の本来の目的である消費の増大という点に反することであり、資本が歴史的な桎梏となっているということを意味する。これが利潤を基準とした資本の技術選択が引き起こす可能性がある投下労働量の増加が意味することであり、その問題点である。しかしこのことは生産や蓄積に関する決定権が資本に属するということを人々が当たり前のものとして受け入れている資本主義社会においては、労働の側からも問題として認識されることはない。これがこの問題を解決することの困難さを強力なものとしているのである。

参考文献

板木雅彦（2004）「利潤率の長期低落傾向と置塩定理の展開（上）」『立命館国際研究』第 17 巻第 1 号、1 – 17 頁

大西広（2020）『マルクス経済学（第 3 版）』慶應義塾大学出版会

置塩信雄（1978）『資本制経済の基礎理論　増補版』創文社

金江亮（2018）『マルクス派最適成長論』京都大学学術出版会

中谷武（1994）『価値、価格と利潤の経済学』勁草書房

本間要一郎・富塚良三編（1994）『資本論体系第 5 巻 利潤・生産価格』有斐閣

森本壮亮（2017）「TSSI による置塩定理批判について」『桃山学院大学経済経営論集』第 57 巻第 3 号、101 – 128 頁。

Okishio, Nobuo (1961) "Technical change and the rate of profit", *Kobe University Economic Review*, 7, pp.85-99.

第二部

「搾取の第一定義」を超える搾取と資本主義の歴史的役割

第5章 「搾取の第一定義」を超える搾取の必然性

はじめに

　マルクス派において「搾取」は分析の対象であり続けてきた。大西（2020）は、搾取を消費拡大へと結びつく資本蓄積のための消費制限としての搾取にあたる「搾取の第一定義」と資本貸与による対価としての搾取たる「搾取の第二定義」の二つに分けて論じている。これまでの章で述べてきたように、生産を拡大していくためには社会に存在する資源をそのために割り振らなければならない。このことをなすためには、現在の消費を制限し、資源を確保することが必要となる。このことは社会形態を問わず、どのような社会であれ必要となることである。そのため「搾取の第一定義」は普遍的なものの特殊な表現であるといえる。これに対して「搾取の第二定義」は資産所有の不平等という点から発生するものであるため、普遍的な存在ではなく、ある社会の特質から発生した特殊なものである。第３章で議論した、剰余労働量は資本が労働者の消費手段を生産するための資本量からえる利潤量によって購入可能な労働量に等しいということは、労働者は生産手段を保有しておらず、自己が消費するものを資本に生産してもらうためには資本に利潤という形でインセンティブを与えねばならないということから生じたものであるため、後者と同じように資本主義社会の特殊性から生じたものであるといえる。

　「搾取の第一定義」に対応する搾取部分については資本が利潤という形態で獲得した後に投資を行うという特殊な形態を通じてであるとはいえ、人類史において普遍的に要求される将来における消費財増大のための生産財の蓄積という活動を行っているということであり、「資本の歴史的役割」に対応する。対して「搾取の第二定義」部分はそれとは関係がなく、

資本主義において特殊なものである。この問題に関して詳細に分析を行った Onishi and Kanae (2015) では、「搾取の第一定義」に対応する部分が資本主義の成長の結果として消滅したとしても、時間選好率が存在する限り「搾取の第二定義」部分については消滅しないということが述べられている。「搾取の第一定義」に対応する部分が消滅する一方で、「搾取の第二定義」部分のみが残るということは、資本主義はその歴史的役割を終えたという議論の根拠となる。この結論への賛否は別として、搾取概念を精緻化し普遍的に存在するものの特殊的形態である部分と、資本主義の性質から発生する資本主義社会特有の部分へと分割して考えることは重要である。

　本章はこの問題意識のもと、搾取に対して普遍的に存在する「搾取の第一定義」に対応する部分とそれ以外の部分への分割を行い、それ以外の部分が資本主義の性質から必然的に発生するのかどうかを検討する。資本が獲得している利潤が「搾取の第一定義」に対応したもののみであり、資本蓄積を通じて消費財の生産拡大に貢献しているのであれば、資本はその歴史的役割を特殊な形ではあるが果たしていることとなる[1]。利潤という形態をとる搾取の中でもそれ以外の部分については資本主義という特殊なシステムによって発生している部分であるとみることができ、その部分については資本の歴史的役割とは無関係のものとなる。そのため、「搾取の第一定義」に対応する部分以外の搾取が必然的に発生するのであれば、資本主義はその歴史的役割以外の部分を必然的に含むということになる。

　この検討を行うにあたって、大西の研究とは異なり[2]、従来の数理マルクス派が使用している手法を用いて検討を行う。また本章でもこれまでと同様に労働の社会的分割という視点を採用している。これまで述べてきたように、これは社会に存在する労働が、どのような種類の財の純生産に向け

1　このような形で歴史的役割を果たしているといっても、そのような特殊な形態のあり方それ自体が他の様々な問題を発生させる源泉ともなっている。例えば労働の質に関する問題や、決定の所在が労働者から剥奪されている問題などである。これらも重要な問題であるが、論旨を明確にするために本章においては取り扱っていない。

2　大西の研究では新古典派成長論を応用した「マルクス派最適成長モデル」が利用されている。

られているのかという点から社会に存在する総労働を分割していく見方で
あり、置塩信雄の搾取についての定義はこれに対応するものである[3]。その
ための道具として本章では Pasinetti (1988) が行った投下労働量に関する
議論を応用している。パシネッティはポストケインジアン[4]の立場に立っ
ているが、その研究で利用された多くのツールは数理マルクス派と共通の
ものであり、搾取を検討するにあたっても有用なものが多い。特に搾取の
中で「搾取の第一定義」に対応する部分とそのほかを区分するにあたって
は、パシネッティが行ったハイパー・サブシステムという考え方に基づく
「拡大された投下労働量」の規定が有用である。

　パシネッティは、現在の消費財を純生産するための労働に加えて、消費
財の生産を拡大するために必要な生産財を生産するための労働量について
も含める形で投下労働量を定義し、それと価格システムの関係を検討して
いる。現在の消費財において1単位の純生産を基準として、この投下労働
量を計算すると、その大きさはマルクス派の投下労働量に将来の消費財
生産を拡大するための生産財を生産する労働量、つまり「搾取の第一定
義」に対応する部分の投下労働量を付け加えたものとなる。本章ではこれ
を「拡大された投下労働量」とよぶ。この拡大された投下労働量と価格で
表現される支配労働量の関係をみることで、「搾取の第一定義」に対応す
る部分以外の搾取が必然的に発生するかどうかを検討する。ここでの分析
では賃金後払いが仮定されるが、それは同一量の資本は同一量の利潤を生
み出さねばならず、利潤率は均等化するという資本主義の本質が、すべて
の財の増大が同率であるという特殊な場合[5]を除いて必然的に「搾取の第
一定義」に対応しない搾取を生み出すということを明確に示すためである。

3　この考え方についての簡単な説明としては、本書の第1、2章のほかに、松尾・橋
　本（2016）の第3章を参照。

4　ポストケインジアンにスラッファ派を含めるかどうかについて、現在では含めない
　とすることが多いようであるが、この点については本章の議論に影響を与えるもの
　ではないため、ここではポストケインジアンとしておく。

5　後に示すが、これは「搾取の第一定義」以外の部分が消滅する必要条件であり十分
　条件ではない。

資本主義において蓄積の主体となる資本は利潤を追求して活動するのであり、使用価値を基準とするのではない。そうであるがゆえにどのような使用価値の生産に向けられているのであれ資本としては質的に同一なのであり、同一量の資本が同一量の利潤を生み出すことが要求され、利潤率は均等化しなければならないという観念が生み出される。資本主義が持つ利潤率の均等化の要求という本質的な特徴が、歴史的役割に対応していない搾取を必然的に生み出す。つまり利潤を追求するという資本の行動が利潤率の均等化を生み出し、それゆえに「搾取の第二定義」に対応する部分が必然的に発生するということが示される。

　次にマルクス派が従来仮定してきた賃金前払いの場合に計算される価格との関係をみる。賃金後払いである場合と比較して、賃金が前払いであること自体が支配労働量と投下労働量の差異を発生させる。この部分が先に述べた資本主義において必然的に生み出される搾取に、さらに別の理由から搾取を付け加えることになる。資本主義は「搾取の第一定義」に対応する部分以外の搾取を必然的に生み出すが、そこには同一量の資本は同一量の利潤を生み出さねばならないという資本主義の本質から生み出される部分と、労働者が資産を持たないがゆえに賃金の前払いを受けねばならないという点から生み出される部分の二つが含まれるのである。

　本章は次のように構成される。第Ⅰ節において「搾取の第一定義」に対応する労働について明確にし、第Ⅱ節でそれは資本主義においてはどのような具体的形態をとって出現するかを述べる。第Ⅲ節ではパシネッティの議論を紹介し、第Ⅳ節でパシネッティの投下労働量はマルクス派の投下労働量に「搾取の第一定義」に対応する投下労働量を付け加えたものであるということを示すことで、「拡大された投下労働量」概念を明確とする。第Ⅴ節では拡大された投下労働量概念と価格で表現される支配労働量の関係が、第ⅰ財を単独で見た場合にどうなるかを示す。ここでは賃金後払いが仮定される。そこでは利潤率が第ⅰ財の消費財としての拡大率と等しければ、拡大された投下労働量概念と価格で表現される支配労働量は一致するということが示される。第Ⅵ節では、すべての財の消費財としての拡大率は異なることが一般的であるということ、資本がその歴史的役割を果た

すうえでは、利潤率はもっとも消費の伸びが大きい消費財の拡大率以上でなければならないということ、資本が利潤を追求するがゆえに価格システムでは利潤率はすべての財において均等化しなければならないということから、第Ⅴ節で第 i 財単独の場合に示したことがすべての財において同時に成り立つということはないということを述べる。このことは「搾取の第一定義」に対応する部分以外の搾取が、資本の利潤追求が生み出す利潤率均等化のために、価格システムのもとで必然的に発生するということを意味する。第Ⅶ節で賃金前払いの場合を取り扱い、第Ⅵ節で示した問題に新たな問題が付け加わるということを見る。最後はまとめである。

Ⅰ　「搾取の第一定義」に対応する労働

　大西（2020）の定義では、「搾取の第一定義」は消費拡大へと結びつく資本蓄積のための現在の消費制限としての搾取とされる。これを労働の配分という観点からみると、「搾取の第一定義」に対応する労働とは社会形態にかかわらず普遍的に存在する、将来の消費財生産拡大のための追加的生産財の生産に必要となる労働である。このことは生産物を生み出すためには各種の用途に労働を投入しなければならないという自明のことから発生するため、普遍的な存在である。

　使用可能な労働量が社会全体で有限である場合、ある生産物の生産量を増加させるためには、他の生産物の量を減少させなければならないという生産物と生産物の間のトレードオフが発生する。生産物を大きく消費財と生産財に分類する場合、消費財と生産財の間にトレードオフ関係が発生することになる。これはどのような社会システムのもとで生産が編成されているかにかかわらず、つねに成立する。

　人類が生産を行う目的は消費財を得るためであり、生産財の生産は本質的にはそのために必要とされる。生産財をさらに、現在の生産のために消耗した生産財を補填するための生産財、将来の消費を拡大するための生産財に分割するのであれば、総生産は以下のように分割される。

総生産＝消費財＋消耗した生産財を補填するための生産財＋将来の消費財生産を拡大するための追加的生産財

　現在の生産において消耗した生産財は、現在の消費財を生産するために消耗した部分と、将来の消費財生産を拡大するための追加的生産財を生産するために消耗した部分に分割される。そのため「消耗した生産財を補填するための生産財」の部分はさらに分割され、以下のようになる。

総生産＝①消費財＋②消費財生産のために消耗した生産財を補填するための生産財＋③追加的生産財を生産するために消耗した生産財を補填するための生産財＋④将来の消費財生産を拡大するための追加的生産財

総生産の中で①と②は独立ではない。①の量によって②の量は規定される。同様に③と④も独立ではない。④の量によって③の量は規定される。ただしそれらの量的な連関がどの程度保証されるかについては社会システムに依存して変動がある。「搾取の第一定義」は消費拡大へと結びつく資本蓄積のための現在の消費制限としての搾取であった。そのため、これに対応する部分は③と④の部分となる。
　社会に存在する労働は、このいずれかの部分に配分される。①と②に投入される労働は、現在の消費財生産のための労働であり、③と④に投入される労働は将来の消費財増加のための労働である。後者については、現時点では直接に消費財生産に向けられた労働という形をとらず、生産財に向けられた労働という形をとっている。このように労働を現在の消費のためと将来の消費増加のために分割しなければならないということは、社会に存在する労働が有限である限りは、どのような社会システムのもとであっても成立する。③と④の部分が「搾取の第一定義」に対応する搾取であるため、そこに投入される将来の消費財増加のための労働が、「搾取の第一定義」に対応する労働となる。そのため次のようになる。

搾取の第一定義に対応する労働＝社会の総労働－現在の消費財生産のた

めの労働＝将来の消費財増加のための労働

　これがどのような具体的形態をとるかは社会によって異なる。社会に存在する労働が、現在の消費財生産のための労働と将来の消費財増加のための労働に完全に分割されるかどうかも社会システムの具体的な形態に依存する。ある社会では社会に存在する総労働のなかの一部は、その社会の特殊性から生み出されているそれ以外の用途に向けられている。

II　資本主義における「搾取の第一定義」の具体的形態

　前節において社会的労働の配分という観点から「搾取の第一定義」に対応する労働とは何かをみた。本節では、これが資本主義においてはどのような具体的形態をとるかを検討する。

　資本主義では、生産活動は企業によって担われている。企業の目的は利潤の獲得であり、使用価値の生産はその手段にすぎない。人類が生産活動を行う本質的な目標が消費にあるとしても、資本主義社会においてそれは直接に実現されることはない。追加的生産財の蓄積は企業の投資活動として行われる。そのため将来の消費財増加のための生産財の追加は、利潤を目的とした企業活動の手段としてなされ、消費の主体の主体的決定が及ばないところで決定が下されることになる。このような特殊な様態で、資本主義における消費財の増加は行われていくことになる。消費財の増加は目的ではなく、利潤を基準とした資本の行動により、結果的に実現されたことでしかない。生産活動の主体たる労働者はその決定に参画することはできず、ただ消費者としての身分において、需要という経路を通じて企業に利潤を与えるという形で、間接的に企業の決定に影響を及ぼすほかはない。

　企業による投資は、企業の獲得した利潤の中から行われる。上に述べたように企業の目的は利潤であって、消費財の拡大は直接の目的ではない。資本が獲得した利潤の一部は将来の消費財増加のための投資となるが、それに結びつかない部分も存在する。そのため企業の獲得した利潤は以下のように分割される。

利潤＝消費財増加に結び付く投資＋そのほかの使途

　消費財増加に結び付く投資として使用される利潤部分は、「搾取の第一定義」に対応する部分の資本主義的形態といえる。そのほかの使途に向けられた部分については、搾取の中でも「搾取の第一定義」に対応していない部分となる。

　「搾取の第一定義」に対応する部分については、資本によって利潤として獲得され、利潤を基準とした資本の計算によって投資されるという形をとってではあるが、消費財の増加に結び付いている。新古典派最適成長モデルを基としたマルクス派最適成長モデルにおいては、定義上すべての行動は消費者の効用最大化に結び付いている。しかしそのようなモデルにおいてさえ「搾取の第一定義」に対応した部分は発生している。このことを考えると、搾取それ自体を問題とするのではなく、資本主義における搾取は普遍的な歴史的役割の特殊的表現である「搾取の第一定義」に対応する搾取部分だけになることがあるのか、という問題に限定することが資本主義における問題を考えるうえで妥当である。もしも資本主義においても資本の搾取を「資本の第一定義」に限定した部分だけにすることが可能であるならば、資本主義内部における変革だけでも十分であるということになる[6]。しかし資本主義がその本質から、「搾取の第一定義」に対応しない部分を必然的に発生させているというのであれば、資本主義の枠内において、通時的にすべての生産が効用の最大化に結び付くという状態を生み出すことはできないことになるため、資本主義を乗り越えることが必要となる。

　以下ではこの問題を検討していくが、次節ではそのための基本的道具として本章で利用する、パシネッティのハイパー・サブシステム（Hyper

---

6　現実の資本主義においてはもちろん「搾取の第一定義」以外の搾取も発生しているであろう。しかし可能性としては「理想的な」資本主義を実現することによって「最適な」状態を達成することができる。あたかもすべてが通時的効用の最大化に結び付いている最適成長モデルのように、である。この場合は資本主義を乗り越える必要はなく、資本主義を理想的状態に近づけるための改革で十分ということになる。

Subsystem）に関する議論を紹介する。

Ⅲ　パシネッティのハイパー・サブシステム

　パシネッティは Pasinetti (1988) において、スラッファのサブシステムを拡張した概念を提案し、パシネッティの定義する投下労働量と市場価格の関係において興味深い結論を導いている。それが本章での議論のベースとなるため、本節ではパシネッティのハイパー・サブシステムの説明を行う[7]。

　n 個の生産物が生産物および労働によって生産されている。A を、投入係数を表す行列とする。投入係数行列 A の第 i 行第 j 列は第 j 財の生産 1 単位に投入される第 i 財の量を表している。a_n は直接労働投入係数を表す行ベクトルである。X(t) は量的な産出を表す列ベクトル、C(t) は各財の消費量を表す列ベクトルである。L(t) は t 期における人口である。ここでは単純化のために人口は労働力と一致すると仮定する。また g を人口の成長率とする。人口成長のもとで、一人当たり消費量を一定に保つとする。このように定義されたシステムにおいて物量的な関係は次のようになる。

$$AX(t) + gAX(t) + C(t) = X(t) \tag{1}$$

$$a_n X(t) = L(t) \tag{2}$$

$$AX(t) = S(t) \tag{3}$$

$AX(t)=S(t)$ は X(t) の産出に必要な中間投入としての各財の量である。$gAX(t)$ は次期において生産を g の率で拡大するために必要な各財の量、つまり純投資としての各財の量となる。この部分が必要となるのは、毎期 g の率で人口が増加していき、かつ一人当たり消費量を一定として保つためである。これがもっとも基本的な経済全体における量的な関係を示す式

7　Pasinetti (1988) では結合生産を含んだ場合を検討しているため、(1) 式の右辺が BX となる。B は結合生産における産出の関係を表す行列である。本章ではマルクス派の議論をベースとして考えるため、結合生産の場合は考慮しないこととし、B は単位行列 I に等しいということを最初から仮定している。

である。次にパシネッティは、一般的には個別の消費財に対する需要の
伸びは異なるとして、第 i 財に対する需要の伸びを $g + r_i$ で表す。r_i は第 i
財に対する個人の好みを表現する部分である。そのうえで、消費財ごとに
ハイパー・サブシステムを定義する。ハイパー・サブシステムは、第 i 消
費財を純生産するシステムであるが、それぞれのハイパー・サブシステム
は、その生産に必要な各財を再生産し、加えて消費財が $g + r_i$ の率で増加
していくための生産財の純投資部分についても毎期生産しているシステム
である [8]。

　第 t 期に生産されている n 種類の消費財の生産量をそれぞれ、$C_1(t), C_2$
$(t), \cdots, C_n(t)$ とする。それぞれの消費財に対する需要は毎期 $g + r_i$ の率で
増加していくと仮定されるため、t 期における第 i 消費財の生産量は、

$$C_i(t) = C_i(0)e^{(g+r_i)t}, \ i = 1, 2, \cdots, n \tag{4}$$

となる。

　このもとで、第 i ハイパー・サブシステムの生産量、労働量、および t
期に中間投入として使用される各財の量はそれぞれ次のように計算される。
以下で $C^i(t)$ は第 i 成分に $C_i(t)$ をもち、それ以外はすべて 0 となる列ベ
クトルである。

$$X^i(t) = [I - (1 + g + r_i)A]^{-1}C^i(t) \tag{5}$$

$$L_i(t) = a_n[I - (1 + g + r_i)A]^{-1}C^i(t) \tag{6}$$

$$S^i(t) = A[I - (1 + g + r_i)A]^{-1}C^i(t) \tag{7}$$

　(5) 式で計算される生産量は、消費財としては第 i 財のみを $C_i(t)$ だけ
純生産し、そのために消耗した各種生産財を再生産し、かつ来期において
消費財としての第 i 財を $C_i(t)e^{g+r_i}$ という量に拡大して生産するための追

8　拡大再生産していくために必要となる追加的生産財についても自己で生産している
　という点が、スラッファのサブシステムと異なる点である。スラッファのサブシス
　テムでは、拡大再生産するためには他のサブシステムの生産物を追加的生産財とし
　て獲得する必要がある。

加投資部分を含んだ産出量である。$L_i(t)$ をはそれだけの産出量を生産するのに必要となる労働量であり、$S^i(t)$ はそのために今期において中間投入として使用された量となる。

パシネッティは次の二つの記号を定義している。

$$l^i = a_n[I - (1 + g + r_i)A]^{-1} \tag{8}$$

$$M^i = A[I - (1 + g + r_i)A]^{-1} \tag{9}$$

なお $C^i(t)$ は第 i 成分以外が 0 であるため、l^i で実際に問題となるのは第 i 成分のみである。同様に M^i も第 i 列のみが実際には問題となる。

これがパシネッティのハイパー・サブシステムである。また、将来の消費財増加のための追加的生産財の生産部分も考慮にいれることをハイパー・バーティカル・インテグレーションとパシネッティは呼称している。

本章での議論と関連して問題となるのは、(6) 式で計算される投下労働量は一体何を意味するのかということ、そしてそれは従来マルクス派が計算してきた投下労働量とどのような関係をもつのかということである。それを次節で検討する。そこでの結論をあらかじめ述べておくと、それはマルクス派で使用されている投下労働量に、搾取の第一定義に対応した搾取部分に対応する労働量を加算したものとなる。

Ⅳ　ハイパー・サブシステムにおける投下労働量

マルクス派の投下労働量は次の連立方程式を解くことで計算される。各財の投下労働量を t_i として、

$$t_1 = A_{11}t_1 + A_{21}t_2 + \cdots + A_{n1}t_n + a_n^1$$
$$\vdots$$
$$t_n = A_{1n}t_1 + A_{2n}t_2 + \cdots + A_{nn}t_n + a_n^n$$

により計算される。A_{ij} はⅢ節で定義した A 行列の第 i 行第 j 列である。a_n^i は直接労働投入量を表す a_n の第 i 成分を表す。つまり第 i 財 1 単位の生産に必要な直接労働投入量である。

これを行列の形にまとめると、

$$(t_1 \quad \cdots \quad t_n) = (t_1 \quad \cdots \quad t_n) \begin{pmatrix} A_{11} & \cdots & A_{1n} \\ \vdots & \ddots & \vdots \\ A_{n1} & \cdots & A_{nn} \end{pmatrix} + a_n$$

となる。この行列式を計算すると、t を各財の投下労働量からなる行ベクトルとして、

$$t = a_n(I - A)^{-1} \tag{10}$$

が得られる。これがマルクス派の第 i 生産物への投下労働量を計算する式である。t_i は $(I-A)^{-1}$ の第 i 列と a_n の積として計算される。これはパシネッティのハイパー・サブシステムによって (6) 式で計算される投下労働量とどのような関係があるだろうか。以下ではそれをみていく。

(6) 式を $C^i(t)$ について明示して書くと、

$$L_i(t) = a_n[I - (1 + g + r_i)A]^{-1} \begin{pmatrix} 0 \\ \vdots \\ C_i(t) \\ \vdots \\ 0 \end{pmatrix} \tag{11}$$

となる。これがパシネッティのハイパー・サブシステムにおける第 i 財に関する投下労働量を表すが、これは (10) 式で計算される t_i とどのような場合に一致するか。それを考えていく。

(10) 式では 1 単位当たり投下労働量を計算しているが、(11) 式で計算されているものは、現在の第 i 財消費量が $C_i(t)$ である場合に必要な労働量であり、1 単位当たりを基準にしてはいない。そこで $C_i(t)=1$ とする。この場合には (11) 式から計算される $L_i(t)$ は a_n と $[I-(1 + g + r_i)A]^{-1}$ の第 i 列の積となる。これは来期において消費財としての第 i 財の生産が $g + r_i$ という率で拡大するための追加的生産財の生産に必要な労働量を含んで、今期 1 単位の第 i 財を消費財として純生産するために必要な労働量を表す。

マルクス派における投下労働量とのちがいは、第 i 財の生産を来期拡大するための追加的生産財の生産に必要な労働を、第 i 財の投下労働量として加算するかどうかという点にある。これは $(g + r_i)=0$ とした場合に、$L_i(t)$

$=a_n[I-A]^{-1}$ となり、マルクス派の投下労働量と一致するということからもわかる。$L_i(t) - t_i$ の大きさは来期において第 i 消費財を $g+r_i$ の率で拡大するために必要な労働量である。そのためこの部分は将来の消費財増加のための労働量といえる。

　言い換えると、$C_i(t)=1$ として計算されるパシネッティの投下労働量は、マルクス派の投下労働量＋搾取の第一定義に対応した労働量を示すものであり、社会形態を問わず、消費財の生産をある率で拡大していくために普遍的に必要とされる労働量を計算したものである[9]。本章ではこれを「拡大された投下労働量」とよぶ。この拡大された投下労働量と、価格によってあらわされる支配労働量の関係をみることによって、搾取が第一定義に対応する部分のみであるのか、それ以外の搾取も含んだものであるのかを理解することが可能となる。次節では第 i 財を単独で見た場合にこれについてどのようなことがいえるかを見ていく。

V　拡大された投下労働量と価格

　前節で計算された拡大された投下労働量と価格の関係についてもパシネッティは議論している。その結論をあらかじめ述べておくと、賃金が後払いであり、利潤の大きさが消費財の生産拡大のための投資を賄うのにちょうど一致するのであれば、言い換えると資本が利潤形態で行っている搾取が、搾取の第一定義に対応する部分しか存在しないのであれば、拡大された投下労働量と価格で表現される支配労働量は一致するというものである。つまり価格次元でみても、投下労働量次元でみても搾取の第一定義に対応する部分以外はなくなる。

　ただしこの結果は賃金後払いを仮定した場合である。マルクス派が通常仮定しているように賃金が前払いであり、価格計算においてその部分にも

9　置塩の問題意識は投下労働量の計算を通じて普遍的な生産性の指標を得ることにあった。対してパシネッティが定義した労働量は一定の社会的需要を満たしていくために必要となる投下労働量を意味する。そのため質的には根本的に異なったものであるといえる。ただし量的には本文で述べたような関係として理解される。

利潤率がかかってくる場合には問題はさらに複雑となる。以下ではこの点を避けて、同一の資本量は同一の利潤量を生み出さねばならないという資本の本質的規定が搾取の第一定義に対応する部分以外の搾取を必然的に発生させるという点をみるために、賃金後払いの場合で論じる。賃金前払いの場合に追加される問題については第Ⅶ節で論じる。

　賃金後払いの場合、価格は

$$p = a_n w + pA + \pi pA \tag{12}$$

となる。pは価格を表す行ベクトルであり、wは賃金率、πが利潤率である。(12) 式は次のように変形可能である。

$$p = a_n w + pA + (g + r_i)pA + (\pi - g - r_i)pA \tag{13}$$

(13) 式をとくと、

$$p = a_n[I - (1 + g + r_i)A]^{-1}w + (\pi - g - r_i)pA[I - (1 + g + r_i)A]^{-1} \tag{14}$$

となる。(14) 式は (8) 式および (9) 式で定義した記号を使用すると、

$$p = l^i w + (\pi - g - r_i)pM^i \tag{15}$$

となる。

　利潤率が $g + r_i$ であり、消費財の生産を拡大するための投資を賄うことができる金額と完全に一致するとき、言い換えると資本が利潤を目的とした間接的な形であるとはいえ、普遍的に要求される消費財拡大のための投資という役割のみを果たすとき、(15) 式から $p = l^i w$ が成立する。

　賃金率を価格のニューメレールとし、w = 1 とする。これは各財が何単位の労働を購入できるかという支配労働の視点から価格を測ることであるが、このようにした場合には

$$p = l^i \tag{16}$$

となる。第 i 財のみに注目して価格と拡大された投下労働量の関係を見るために (16) 式の両辺に、$C_i(t) = 1$ として $C^i(t)$ を右からかける。このとき

に (16) 式の左辺からは第 i 財の価格 p_i が計算され、右辺からは第 i 財の拡大された投下労働量が計算される。この拡大された投下労働量を l_i という記号で表す。p_i は利潤率が $g + r_i$ であるときの価格方程式から決定される第 i 財の価格を意味している。そのため市場において成立する利潤率が $g + r_i$ であるとき、第 i 財の価格の大きさ＝第 i 財の支配労働量は、第 i 財の拡大された投下労働量と一致するということになる。そのため第 i 財については「搾取の第一定義」に対応する部分以外の搾取は存在しないということになる。

　しかし問題は、この関係はすべての財において同時に成立することはないという点にある。そのことを次節で論じる。

Ⅵ　資本主義において搾取の第一定義以外の搾取が存在する必然性

　前節での議論は、市場で成立する利潤率が第 i 財の消費財としての成長率 $g + r_i$ に一致している場合には、第 i 財については搾取の第一定義に対応する以外の搾取は存在しないというものであった。このことは同時に、社会全体で見た場合には搾取の第一定義以外の搾取は必ず存在するということを意味する。それは、資本が利潤を追求して行動する以上は、同一量の資本は同一の利潤量を生み出さねばならず利潤率は均等化するという、資本主義社会における資本の運動についての本質による。

　資本主義において生産の決定を担う資本は利潤を追求して活動する。資本は何らかの使用価値を生産し利潤を獲得するが、具体的な使用価値はあくまでも利潤追求の手段にすぎず、直接の関心ではない。そのためどのような使用価値の生産に投下されているのであれ、資本は資本として同質である。これにより同一量の資本は同一の利潤量を生み出すことが要求されるようになる。結果的にすべての商品の生産において利潤率は均等化する。具体的な使用価値に関心はなく、資本の増殖が目的であるという資本の行動における本質が、利潤率の均等化を生み出すことになる。これに対して各財に対する需要の伸びは一般には異なるため、通常 $g + r_i \neq g + r_j \, (i \neq j)$

となり、消費財の生産拡大のペースは一致しない。本章の議論では消費財生産の拡大を賄うための投資金額については最低限資本に保証されると考えるため、もっとも消費財としての成長率が高い財 i に対して、$\pi \geq g + r_i$ を利潤率は満たす。利潤率はすべての財に対して等しくなる一方で、具体的な使用価値でみた生産拡大のペース $g + r_i$ は財によって異なる。そのためすべての財 i に対して、利潤率 = $g + r_i$ が同時に成立することは一般には起きないのである。利潤率が $g + r_i$ と等しくなる可能性があるのは、消費財としての成長率が最大である財 i のみである。その財では利潤率 = $g + r_i$ が成立し、支配労働量＝マルクス派の投下労働量＋搾取の第一定義に対応する労働量となり、搾取の第一定義に対応する部分以外が存在しない場合がある。対してそのほかの財 j においては $g + r_i > g + r_j$ であるために利潤率 > $g + r_j$ となり、搾取の第一定義以外の搾取が必然的に発生することになる。これは直接的には利潤率の均等化が引き起こすことであるが、利潤率の均等化は、資本は具体的な使用価値には関心がなく利潤の追求が目的であり、同一量の資本は同一量の利潤を生み出さねばならないという資本主義の特質から発生するものである。そのため本質的には利潤を追求する資本の行動様式それ自体が生み出すことであり、資本主義においては解消が不可能である[10]。資本主義は必然的に搾取の第一定義に対応しない部分を発生させることになり、資本が利潤という形態で獲得するもののすべてが、消費財の拡大を引き起こすという普遍的な役割に貢献するということはない。資本は普遍的な役割を果たさない部分を必ず獲得している。

　もっとも資本主義下においても、すべての財 i に対して同時に搾取の第一定義に対応する部分以外が消滅することもある。それはすべての消費財の需要の伸びが同一である場合、つまり全部門の均整成長が発生する場合であり、かつ $\pi = g + r_i$ ということが成立する場合である。しかしこれは極めて特殊な場合であり、一般に成立を期待することはできない。

10　仮に資本が使用価値それ自体を目的とする場合、使用価値は質的に異なっているため均等化という考え方自体が発生しない。資本の目的が利潤の追求であり、使用価値がその手段でしかなく、その質的な具体性が資本の直接の関心ではなくなって初めて、均等化という要求が発生することになる。

Ⅶ　賃金前払いによって追加的に発生する搾取

　前節では利潤率が均等化するという性質が、搾取の第一定義に対応する以外の搾取を必然的に生み出すということを論じた。そこで用いた価格決定方式は賃金後払いであり、マルクス派が仮定してきた賃金前払いではない。以下では賃金前払いの場合を考えるが、これにより前払いか後払いかの差が、前節で論じた問題に、新しい問題を付け加えるということを示す[11]。

　賃金前払いの場合には賃金部分に対しても利潤率がかかるため、

$$p = (1+\pi)a_n w + pA + \pi pA$$

となる。

　これを計算すると、

$$p = (1+\pi)a_n[I - (1+g+r_i)A]^{-1}w + (\pi - g - r_i)pA[I - (1+g+r_i)A]^{-1}$$

となる。よって

$$p = (1+\pi)l^i w + (\pi - g - r_i)pM^i \tag{17}$$

となる。賃金後払いの場合に得られる (15) 式とのちがいは、賃金部分を変形して得られる右辺第一項に利潤率がかけられている点のみである。

　先と同様に w=1 として基準化し、各財の価格を支配労働量の大きさで表す。利潤率が $g + r_i$ であるとき、

$$p = (1+g+r_i)l^i$$

となる。賃金後払いの場合におけるものと同様の操作を行い、第 i 財の価格 p_i と第 i 財の拡大された投下労働量の関係を導くと、

11　以下の賃金前払いの場合の展開については、Pasinetti and Garbellini (2015) を参考にした。

$$p_i = (1 + g + r_i)l_i$$

となる。企業の獲得している利潤が消費財としての第 i 財の生産を拡大するための投資に一致している場合であったとしても、価格が賃金後払いを基として計算される場合とは異なり、支配労働量は投下労働量を超えることになる。つまり搾取の第一定義に対応する搾取以外の搾取が、賃金が前払いであることによって追加的に発生することになる。このことはベーム・ヴァベルクが行った時間に関する批判は、投下労働量の概念を拡大された投下労働量概念に拡張したとしても依然として妥当であるということを意味している。

まとめ

本章は搾取を、普遍的に存在する「搾取の第一定義」に対応する部分と、特定の社会システムの性質によって発生する特殊な部分に分割し、後者の部分が資本主義において必然的に発生するのかどうかを検討した。

将来において消費財の生産拡大をするためには、現在の消費を制限し生産財の生産に社会的労働を配分しなければならない。これはどのような社会でも普遍的に必要となるものであり、この部分が「搾取の第一定義」である。資本主義においては消費財の生産拡大のための投資は、資本の利潤獲得を目的とした活動の手段として行われており、それ自身が直接の目的ではない。しかしながら資本が獲得している利潤が「搾取の第一定義」に対応する部分のみであり、消費財の生産拡大に貢献しているのであれば、資本はどのような社会であれ普遍的に要求されていることを、特殊な形ではあるが果たしていることとなる。搾取について批判を行うためには、このような部分と資本主義の性質が生み出すそれ以外の部分を分割し、後者の部分の存在について批判を行うことが妥当である。この問題意識のもとで、本章では「搾取の第一定義」に対応する部分以外の搾取は資本主義においては消滅することがあるのか、それとも資本主義の性質から必然的に発生するものであるかを検討した。

そのためにパシネッティが定義した投下労働量概念を利用し、それと価

格で示される支配労働量の関係をみた。利潤率が消費財としての第 i 財の生産を拡大するために必要となる投資の大きさに丁度等しい場合、賃金が後払いであれば第 i 財については価格で表示される支配労働量＝拡大された投下労働量となる。つまり搾取の第一定義にあたる搾取以外の部分は、第 i 財については存在しないということになる。

　しかし資本の目的は利潤であり、どのような使用価値の生産に投下されているのであれ利潤率は均等化しなければならないという資本の活動における基本的な性質、および各財に対する需要の伸びが異なるということ、この 2 つからすべての財 i に対して同時に $\pi = g + r_i$ となることが成立することは一般には生じない。消費財としての第 i 財の拡大を賄うためには、利潤率の高さは $\pi = g + r_i$ が最低限度となり、社会全体で成立する均等利潤率はもっとも高い r_i に対して $\pi \geq g + r_i$ とならねばならない。そのため搾取の第一定義に対応しない部分がそのほかの、消費財としての成長率がより低い財に対して必ず発生することとなる。資本はその歴史的役割に対応しない部分を利潤という形態で必ず獲得する。これは資本の目的が利潤であるがゆえに発生する利潤率均等化への要請から生じる資本主義特有のものであり、解消することはできない。

　これに加えて賃金前払いであることにより発生する部分も存在する。これについては利潤率が消費財としての第 i 財の生産を拡大するための投資を賄うものと一致する場合においても、第 i 財においてさえ発生する。この部分は賃金前払いであるか後払いであるかという時間構造に関するものであり、ベーム・ヴァベルクが行った批判以降、議論となってきた部分に対応するものである。

　まとめると、搾取の第一定義に対応する部分以外の、資本主義特有の搾取は必然的に発生し、その源泉は以下の 2 点となる。1 点目は資本の目的は利潤の獲得であり、具体的な使用価値は単に利潤獲得の手段にすぎないため、どのような使用価値の生産に投下されているとしても同一量の資本は同一量の利潤を生み出さねばならないということが生み出す利潤率の均等化である。2 点目は時間構造である。賃金前払いであることは、労働者が自らの生活を支える手段をもたないという点から生じたものであり、こ

れも資本主義の特質とかかわっている。ただし後払いであっても資本主義
は成立する。この意味で2点目は資本主義内において消滅する場合もある。
対して1点目は無限の自己増殖を追求する貨幣という資本の運動に関する
本質的な観念であり、資本主義内部においては解消不可能な問題である。
そのため、搾取の第一定義に対応する部分以外の資本主義特有の搾取を生
み出している、より本質的な点といえる。

参考文献

Onishi, Hiroshi and Ryo, Kanae (2015) "Piketty's r>g Caused by Labor Exploitatio: A Proof by Marxian Optimal Growth Theory," *Marxism 21*, vol.12, No.3.

Pasinetti, L. Luigi (1988) "Growing subsystems, vertically hyper-integrated sectors and the labour theory of value," *Cambridge Journal of Economics,* vol.12, no.1.

Pasinetti, L. Luigi and Nadia Garbellini(2015), "From Sraffa: backwards, to a better understanding of Marx's Values/Prices 'transformation'; and forward to the novel view of growing economic systems", *Cahiers d'économie Politique / Papers in Political Economy,* no.69.

大西広（2020）『マルクス経済学（第3版）』慶應義塾大学出版会

松尾匡・橋本貴彦（2016）『これからのマルクス経済学』筑摩書房

第6章 「搾取の第一定義」を超える搾取を算出する

はじめに

　資本主義の発生・成長・消滅の必然性を論証するためのものとして、マルクス派最適成長モデルとよばれるものが提案された。そのモデルは、①人類の生産活動の目的は消費財を獲得するためにあり、②消費財を獲得するためには社会に存在する労働を、消費財の生産に直接投入される労働と、消費財を生産するための生産財の生産に投入される労働の2方向へと分割する必要がある、という考えのもとに組み立てられている。効用は消費財から得られるが、消費財の生産に生産財が必要となる時代においては、すべての労働を消費財の生産に向けて直接投入するのではなく、一部の労働を消費財の生産のための生産財の生産へ向けることで間接的な形で消費財の生産と連関させることがより効率的となる場合がある。このような場合には、消費財の生産に直接投下される労働と、生産財の生産へ向かう労働という部分に社会に存在する総労働を分割する必要がある。マルクス派最適成長モデルでは、これまで述べてきた労働の最適な社会的配分の達成を、社会システムが行っている、あるいは行うべきことであると考えており、それに基づいて資本主義という社会システムの発生・成長・消滅を論じようとした[1]。

　マルクス派最適成長モデルのもっとも基本的なものである社会的計画者モデルにおいては、代表的個人の通時的効用を最大化することを目的としてすべてが決定される。そのため社会に存在する労働はそのすべてが通時的効用を最大化するために最適な形で直接労働投入と、生産財を通じた間

1　この点については大西（2020）の141頁からの議論を参照。

接的労働投入に分割されていく。結果としてすべての労働は最適な形で通時的な消費財の生産へと結実していく。また市場分権経済においても、資本を所有し蓄積を決定する主体が消費者と一致しているため、すべての投資は通時的効用を最大化するためにもっとも最適な形で行われる。そのため分権モデルにおいてもすべての労働は最適な形で消費財の生産へと通時的に結実していくことになる。このように、マルクス派最適成長モデルでは労働は消費財の生産という観点からみて無駄なく利用されているということがいえる。これはマルクス派最適成長モデルが数理モデルとしては新古典派最適成長モデルと同一であることからして、当然の帰結であった。

　しかしながらこのことは、マルクス派が伝統的に資本主義社会においては成立しないとしてきたことである。現代の資本主義社会においては生産財の蓄積は、利潤を目的として行動を決定する資本によって主導される。資本にとって生産は利潤のためであり、労働者の消費へと結びつき効用を増加させるかということは、結果的には達成されるかもしれないが、直接の目的とはなっていない。そのため、そのすべてが労働者の消費へと結実するわけではなく生産のための生産が発生する[2]。また本書においても第5章において、パシネッティが提案した Hyper Vertical Integration という考え方を応用しながら、資本が自己増殖を目的とする運動する貨幣であるということから発生する利潤率の均等化ということから、つまり資本の本来的性質から、消費財の生産へと結びつかない部分が発生するということを論じた。

　本章はこのような部分がどれほど存在しているのかということを実証的に検討することを試みたものである。そのための手法として、本章では第5章で述べた考え方を利用し、拡大された投下労働量を計算することによって、労働の社会的配分のなかで消費財の生産に結び付かない部分がどれほどの大きさに達しているかを検討する。

2　このような生産のための生産が発生するという点が、マルクス派において重要な論点を形成していた恐慌をめぐる理論の要点であった。これをめぐる議論の一つの総まとめとしては、冨塚・吉原編（1997）を参照。

　この方法ではある種類の消費財を継続的に生産するためのサブシステム
に社会全体が分割される。それぞれのサブシステムは1種類の消費財を生
産し、その消費財の生産で消耗した生産財＝資本減耗部分と、その消費財
を拡大生産するために次期に必要とされる生産財＝純投資部分についても
産出している。それぞれのサブシステムはある消費財を、一定の率で増加
させながら独立して産出し続けることになる。このサブシステムで必要と
なる投下労働量は、定義上、一定の率で拡大を続ける消費財の生産を継続
的に行っていくために必要な投下労働量となる。サブシステムは消費財の
種類だけ存在することになるため、それぞれのサブシステムにおいて投下
労働量を計算し、それを合算することで消費財の生産に必要となる投下労
働量が計算される。このようにして計算された労働量と、社会全体で実際
に投下された労働量の差を計算することにより、消費財の生産に結実しな
い労働量が計算される。

　このような計算は私見の限りでは過去になされていないため、本章では
特に日本の経済成長の停滞が言われるようになった1991年以降を対象と
して計算を行っている。ただし日本経済が成長した時代との対比として、
1984年、1986年、1988年についても計算を行った。

I　Hyper Vertical Integration に基づいた社会の分割

　最初に本章で手法としている Hyper Vertical Integration に基づいた経
済のサブシステムへの分割について説明する。以下の説明はこの分割を提
案した Pasinetti (1988) の第2節による[3]。加えて本書の第5章も参照され
たい。パシネッティの基本的な形では、投入係数は一定、また人口も一定
率で成長する。これに対応して社会の生産物も一定率 g で毎期成長する
と仮定される。a_{ij} を第 j 財1単位の生産に投入される第 i 財の量を表す投
入係数、X_i を第 i 財の総生産量、C_i を第 i 財の消費量とする。また社会で

3　パシネッティは結合生産の場合も考慮に入れて定式化をしているが、ここでは従来
　のマルクス派との接続を考慮し、最初から結合生産の場合を除外して定義している。

生み出された純生産物は、消費または生産拡大のための純投資に完全に利用されるとすると、以下の関係が物量でみて成立する。

$$\begin{pmatrix} a_{11} & \cdots & a_{1n} \\ \vdots & \ddots & \vdots \\ a_{n1} & \cdots & a_{nn} \end{pmatrix} \begin{pmatrix} X_1(t) \\ \vdots \\ X_n(t) \end{pmatrix} + g \begin{pmatrix} a_{11} & \cdots & a_{1n} \\ \vdots & \ddots & \vdots \\ a_{n1} & \cdots & a_{nn} \end{pmatrix} \begin{pmatrix} X_1(t) \\ \vdots \\ X_n(t) \end{pmatrix} + \begin{pmatrix} C_1(t) \\ \vdots \\ C_n(t) \end{pmatrix} = \begin{pmatrix} X_1(t) \\ \vdots \\ X_n(t) \end{pmatrix} \qquad (1)$$

(1) 式の左辺第一項は今期の生産で消耗した中間投入物の補填分である。第二項は来期 g の率で拡大する生産を実行するための純投資部分である。減耗した財の補填＋純投資＋消費＝総生産という関係を (1) 式は表す。τ_i を第 i 財 1 単位の生産に直接必要な投下労働量とすると、

$$(\tau_1 \quad \cdots \quad \tau_n) \begin{pmatrix} X_1 \\ \vdots \\ X_n \end{pmatrix} = L(t)$$

で計算される $L(t)$ が第 t 期における生産に投下された総労働量を示す。

　ここではすべての消費財の産出の成長率が g であるが、実際は消費者の好みには差があり、すべての消費財が同率で増加しない場合が一般的である。そこで第 i 消費財の産出の増加率を g_i で表すこととする。また以下では、

$$\begin{pmatrix} a_{11} & \cdots & a_{1n} \\ \vdots & \ddots & \vdots \\ a_{n1} & \cdots & a_{nn} \end{pmatrix} = A, \begin{pmatrix} X_1(t) \\ \vdots \\ X_n(t) \end{pmatrix} = X(t), \begin{pmatrix} C_1(t) \\ \vdots \\ C_n(t) \end{pmatrix} = C(t)$$

という表記を利用していく。

　パシネッティは経済を消費財単位で分割されたサブシステムへと分割する。サブシステムは、g_i の率で消費量が増加していくある種類の消費財を継続的に生産することが可能なシステムである。そのシステムは、消費財の生産で消耗した生産財について再生産し、また消費財の生産を増加させるために必要となる追加的生産財についても生産するシステムである。つまり、ある種の消費財を持続的に純生産し続けることが可能なシステムとして定義される。第 i 消費財に対するサブシステムは (1) 式を利用して次のように計算される。

　第 i 消費財以外の生産量は 0 であるとして、

$$\begin{pmatrix} a_{11} & \cdots & a_{1n} \\ \vdots & \ddots & \vdots \\ a_{n1} & \cdots & a_{nn} \end{pmatrix}\begin{pmatrix} X_1(t) \\ \vdots \\ X_n(t) \end{pmatrix} + g_i \begin{pmatrix} a_{11} & \cdots & a_{1n} \\ \vdots & \ddots & \vdots \\ a_{n1} & \cdots & a_{nn} \end{pmatrix}\begin{pmatrix} X_1(t) \\ \vdots \\ X_n(t) \end{pmatrix} + \begin{pmatrix} 0 \\ \vdots \\ C_i(t) \\ \vdots \\ 0 \end{pmatrix} = \begin{pmatrix} X_1(t) \\ \vdots \\ X_n(t) \end{pmatrix} \tag{2}$$

により第 i 消費財を生産するサブシステムは計算される。産出量が (2) 式を満たすならば、t 期において $C_i(t)$ の生産で消耗した生産財を補填し（左辺第一項）、$C_i(t+1) = (1+g_i)C_i(t)$ となる t + 1 期の消費財生産に必要となる追加的生産財（左辺第二項）についても用意することが可能となり、継続的に第 i 消費財の生産を続行していくことが可能となる。これに必要となる産出量は次のように計算される。それを表す列ベクトルを $X^i(t)$ として、

$$(1 + g_i)AX^i(t) + \begin{pmatrix} 0 \\ \vdots \\ C_i(t) \\ \vdots \\ 0 \end{pmatrix} = X^i(t) \tag{3}$$

これを変形すると、

$$\{I - (1+g_i)A\}^{-1} \begin{pmatrix} 0 \\ \vdots \\ C_i(t) \\ \vdots \\ 0 \end{pmatrix} = X^i(t) \tag{4}$$

となる。このように計算された $X^i(t)$ を利用して、

$$(\tau_1 \quad \cdots \quad \tau_n)X^i(t) = L^i(t) \tag{5}$$

として第 i 消費財のサブシステムで利用される労働量が計算される。(5) 式で計算される労働量を投入することで、このサブシステムは持続的に消費財の拡大再生産が可能である。(5) 式によって計算される労働量は現在の消費財の生産およびそのために消耗した生産財の再生産のためのものだけではなく、将来における消費財の生産増大のために必要となる純投資のための労働についても含んでいる。この部分は現在の消費には結びつかないため、通常の搾取に関する定義では搾取部分に含まれる。しかし将来の

消費に結実する労働であるため、(5) 式で計算される労働量はすべてが通時的にみて消費財の生産に結び付く労働となっている。

　(4) 式で計算される第 i 消費財のサブシステム、および (5) 式で計算される第 i 消費財に結実する労働量は、すべての消費財について別個に計算される。それを合算したものが、社会全体でみて将来における消費財の拡大という経路も含んで消費財に結実する労働量となる。本章では以下において、(4) 式および (5) 式を利用して第 i 消費財へと結実する労働量を計算する。

II　必要労働量との対比

　前節で説明した Hyper Vertical Integration の手法で計算された投下労働量と、置塩の投下労働量との比較についても考えておく。すべての消費財において成長率が 0 である場合には、(5) 式で計算される $L_i(t)$ は $C_i(t)$ にふくまれる置塩の投下労働量と同一となる。つまり Hyper Vertical Integration の手法で計算される労働量は、置塩の必要労働量と一致する。将来において消費財の増大がない単純再生産の世界においては、搾取の中から投資されることで将来の消費財増加に結び付く部分が定義上存在していない。そのため搾取部分はすべて消費財の増加に結びつかない純粋な搾取部分となるのである。

　消費財の成長率がマイナスである場合はどのようになるのであろうか。この場合 Hyper Vertical Integration の手法で計算される投下労働量は、置塩の必要労働量よりも小さくなる。置塩の必要労働量は次期においても同一の消費財量を再生産することを前提として計算されるものである。消費財が次期において減少する場合、今期において消耗した生産財をすべて再生産する必要はない。極端な例として、次期において第 i 消費財の生産が 0 となるのであれば、そのために消耗した生産財はまったく補填する必要がない。そのため Hyper Vertical Integration の考え方によれば、投下労働量 $L_i(t)$ は今期に消費財を生産するために必要な直接投下労働量 τ_i と一致することになる。この場合、労働者が今期の消費財として獲得した部

分に含まれる投下労働量は、今期に必要な消費財を生産するために必要な労働量を上回っていることとなる。また消費財の構成の変化によっても置塩の必要労働量を、Hyper Vertical Integration で計算される投下労働量が下回る場合が存在する。投下労働量を多く利用する消費財の生産が低下する場合には、投下労働量を少なく利用する消費財の生産が増加していたとしても、このことが発生する可能性がある。

　このような差が発生する理由は置塩とパシネッティの目的の違いにある。置塩の目的は、社会システムの在り方にかかわらず普遍的に成立する指標として技術的に必要となる投下労働量を求めるという点にあるのに対して、パシネッティは消費財の持続的な生産に必要な労働の社会的配分を求めようとした。以上述べてきた相違は、この目的の違いによるものである。

Ⅲ　計算の手法と注意点

　以下では第Ⅰ節で述べた手法を利用して計算を行うが、実際の経済で計算を実行するためにはいくつか注意すべき点が存在する。一つ目は投入係数が変化しているという問題であり、二つ目は生産財が消費財の生産に貢献するようになるまでに要する期間の問題である。

　(1) 式の定式化では、将来における消費財増加のために追加される生産財の量を計算するにあたって、投入係数が一定であるとして計算されている。しかし実際の経済では t 期と t + 1 期において投入係数が変化することが自然である。将来を予想して行動するしかない状態においては、仮にすべてを消費財の生産に結実させるという意図をもって投資行動を行ったとしても、予期せぬ技術変化によって投資が無駄になってしまうということは十分に考えられる。このような部分についても本章の計算においては消費財の生産に結実しなかった投資として計算されることになる。将来の予想不可能性は資本主義社会において生産および投資に関する決断を担っているのが、個別的な企業であるという点から生じている部分もある。とはいえ未来に関する決断を行う以上は、免れ得ない不確実性は常に存在するであろう。どのような社会においても存在する不確実性については資本

主義という社会システムに責を負わせるべきではないが、この2つの区別は困難である。そのため本章で行う計算においてはこの2つを区別していない。

　二つ目は実行された投資が消費財の生産に結び付くようになる期間の問題である。(1) 式では1期間後の消費財の生産に貢献すると仮定されているが、実際にはさらに長期間が経過して初めて貢献することになる投資も存在している。どれだけの期間が経過した後で消費財の生産に貢献するようになるのかについては生産財の具体的な技術的特質からくるものであり、個別に異なると考えるのが妥当である。しかしながら利用可能なデータからの推定は困難であるため、本章の計算においてはすべてが次期において貢献することになると仮定して計算を行った。

　以上述べた問題は将来的に検討することが必要であるが、本章では計算の最初の試みとしてこれらの点については未解決のままとしている。

　本章では JIP2015 データベースを利用し計算を行う。家計が消費した財としては、政府消費、非営利消費、家計消費の合計値を利用した。また実質化されたデータを利用している。これを利用して各年の消費額を計算し、部門毎に毎年の増加率を計算し g_i とした。

IV　結果

　表1に計算の結果を示す。また本章で利用した実質消費額を利用して、それに含まれる投下労働量、いわゆる「必要労働量」についても表記している。図1には表1に示された項目をグラフで示した。

　これをみると、1991 年以降、実際に経済で支出された労働時間は低下を続けている。これに対して計算された労働時間は緩やかに低下しているものの実際の労働時間ほどではない。これにより両者の差は低下している。社会のすべての成員が労働を行うわけではないが、社会のすべての成員が何らかの消費を行わなければ生存することができない。そのため高齢化、不況による労働意欲の喪失、あるいは失業者の増加などにより労働時間が低下していったとしても、社会全体でみた消費財の生産に必要とされる労

表 1 1991 年以降の各労働時間の推移

	1991	1993	1995	1997	1999	2001	2003	2005	2007	2009	2011
計算された労働時間	8.89 E+10	8.87 E+10	9.07 E+10	8.72 E+10	8.8 E+10	8.67 E+10	8.5 E+10	8.48 E+10	8.39 E+10	8.71 E+10	8.55 E+10
実際の労働時間	1.3 E+11	1.26 E+11	1.26 E+11	1.26 E+11	1.19 E+11	1.17 E+11	1.14 E+11	1.14 E+11	1.15 E+11	1.09 E+11	1.09 E+11
必要労働量	8.81 E+10	8.76 E+10	8.94 E+10	8.76 E+10	8.68 E+10	8.54 E+10	8.36 E+10	8.38 E+10	8.4 E+10	8.41 E+10	8.39 E+10

注）計算された労働時間が、本章の手法を用いて計算された労働時間である。実際の労働時間は JIP2015 データベースに示されている、実際に行われた総労働時間である。必要労働量は、本章で利用した実質消費額に、それぞれの投下労働量をかけた総和である。E+10 は 10 の 10 乗を、E+11 は 10 の 11 乗を示す。

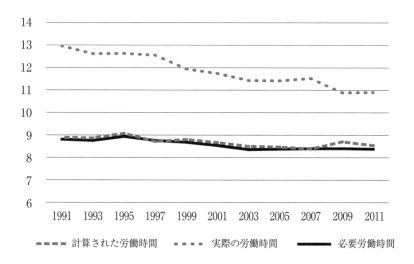

図 1 1991 年以降の各労働時間の推移
注）縦軸の単位は 10^{10} を基準とした実労働時間である。

働時間はそれに対応して低下するわけではない。消費の増加とそれに必要
となる労働時間の増加という形ではなく、総労働時間が低下するという形
によって差が低下している[4]。

　また必要労働量と計算された労働時間はほぼ同一となっている。これは
1991 年以降になると、各財の消費の成長率が低下しているということか
ら導かれるものである。先に述べたように消費の成長率が各財において＝
0 である場合には、Hyper Vertical Integration によって計算される労働
量は、必要労働量と一致する。各財の消費の成長率が低下したということ
は、生産を拡大するために追加する必要がある生産財の生産に向けるため
の、社会的な労働量も低下しているということになる。この期間において
資本によって獲得された労働時間はその絶対量を低下させているとはいえ、
そのほとんどは投資という間接的な形を通じて消費に貢献するということ
がなされていないものとなっており、純粋な搾取となっているということ
がいえる。

　これに加えて、日本経済が成長を続けていた 1980 年代の状況について、
1984 年、86 年、88 年を利用して同様の計算を行ったものを表2に示す。
それをグラフとしたものを図2に示した。この期間の特徴としては、1984
年においては Hyper Vertical Integration によって計算された労働時間の
ほうが、必要労働量を下回っていたことがある。ただし 1986 年において
は Hyper Vertical Integration による労働量は増加するが、それにたいし
て必要労働量は低下した。1988 年では、両者ともに増加したが、伸びと
しては Hyper Vertical Integration による増加のほうが大きいという特徴
がある。このような量的な変化は、この時期の消費の伸びが高く、そのた
め「搾取」された部分のなかからも将来の消費財生産の拡大に結び付いた
部分が多いということを意味している。とはいえ、絶対量で見た場合には

4　利潤の源泉が労働である場合には、非労働力人口が増加し、かつ投下労働量が低下
　しないのであれば剰余労働量の低下＝利潤量の低下が発生していくことになる。資
　本にとって問題となるのは労働力であるが、社会全体にとって問題であるのは労働
　力人口以外をふくめたすべての人間であるという根本的な差がここに生じることと
　なる。

表2　1980年代の計算結果

	1984	1986	1988
計算された労働時間	86319589872	88922442433	90760085691
実際の労働時間	1.25698E+11	1.25878E+11	1.28046E+11
必要労働時間	86776841256	85553224348	87216590468

注）各項目の意味については、表1の注と同一である。

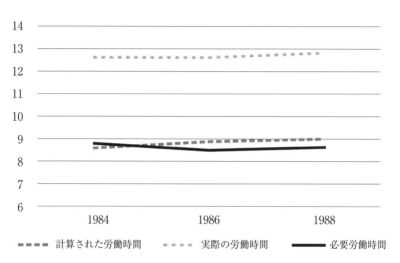

図2　1980年代の各労働時間の推移

注）縦軸の単位は 10^{10} を基準とした実労働時間である。

結びついていない部分のほうが圧倒的に大であるということも確かである。
このことは資本主義社会における「搾取」はその一部は将来の消費財の成
長のために利用されているものの、その多くの部分はそうではないという
ことの一つの例となっている。

まとめ

　本章では第5章で論じた、資本主義においては運動する貨幣としての資
本は、どのような用途に投ぜられているのであれ同一の利潤を求めるとい
うことから必然的に発生する、将来における消費財の増加に結び付かない

部分に向けられている労働がどれほど存在しているかについての実証分析を行うことを試みた。マルクス派最適成長モデルは、社会に存在する労働は消費財の生産に直接結びつく部分と、消費財を生産するための生産財という経路を通じて消費財に間接的に結びつく部分に分割されるという想定のもとでモデルを構成しているが、現実的にはすべての労働が消費財の成長に結び付くとは限らない。本章ではそのような部分は具体的にどれほどの大きさになるのかを実証的に計算している。そのために消費財の通時的成長を持続的に満たすために必要な労働量を、Hyper Vertical Integration の手法を利用することにより計算を行い、消費財の生産にどれだけの労働が結びついているかの計算を行った。その大きさと社会全体で実際に支出された労働量の対比を行うことにより、「搾取の第一定義」以外の部分がどのような大きさになるかについても計算を行っている。

　1991 年以降では実労働時間は低下しているが、Hyper Vertical Integration によって計算された労働量は、それほどの低下はしていない。社会全体の消費を持続的に維持するために必要な労働量はさほど低下しない一方で、いわゆる「剰余労働」部分が低下していくということは、社会全体の消費の維持という問題と、資本の利潤追求活動の間に存在する摩擦が拡大していくということを意味している。

　対して 1980 年代においてはこのような事態は発生しておらず、Hyper Vertical Integration による労働量は増加しているが、実労働時間も増加しており、社会全体の消費の維持ということと、資本の利潤追求活動の間の摩擦は和らいだものとなっている。また、いわゆる剰余労働の中で将来の消費財増加に結び付く部分も存在しているが、剰余労働の大部分はそうではないということについても示されている。剰余労働については消費財の生産の増加に結び付く部分もあることは確かであるが、それをもって「搾取」を正当化することはできないということをこの計算は示している。

参考文献

大西広（2020）『マルクス経済学（第 3 版）』慶應義塾大学出版会
富塚良三、吉原泰助編（1997）『資本論体系　9—1　恐慌・産業循環（上）』有斐閣

Pasinetti, L. Luigi (1988) "Growing subsystems, vertically hyper-integrated sectors and the labour theory of value," *Cambridge Journal of Economics*, vol.12, no.1.

第7章　日本経済における資本蓄積の有効性
──労働生産性の観点から

はじめに

　第1章および第2章では労働価値という観点から社会を分析する意義、および投下労働量の意味を述べた。投下労働量は純生産物の生産可能性集合と関連している。これまで述べてきたように、投下労働量は1単位の純生産物を継続的に再生産していくために必要となる労働量を表す。そのためこの意味での労働生産性が上昇していくのであれば、その社会は使用価値でみて純生産物をより多く獲得できる可能性を手にしているということになる。ある社会システムが労働生産性を上昇させていくのであれば、それはその社会システムの有効性の一つの証拠となることになる。本章では労働生産性の観点を利用することで、現代日本社会の検討を行う。

　現在の日本は「失われた20年」と呼ばれる長い停滞の時期を過ごしているが、この長期停滞を景気循環の一局面とは捉えずに、日本の資本主義がその限界に達したことを示すものとして捉えようとする見方が存在している[1]。日本資本主義が限界に達しつつあることの根拠としては経済の低成長という事実のほかに、資産としての資本の収益率の低さが指摘されている。しかし資本主義が限界に達し、もはや資本蓄積が不要になったという

1　異なった立場から複数のものがあるが碓井・大西（2014）、鶴田（2014）など。

　ことを主張するためには、これらのことを述べるだけでは不十分である[2]。資本主義という社会システムが限界に達していることを主張するためには、その歴史的役割を終えつつあることを示すことが必要である。

　資本主義は生産力を発展させるという歴史的役割をもった一段階である[3]。生産力を労働生産性という観点でとらえると、労働生産性を向上させる方法は生産手段の蓄積によって行われてきた[4]。資本主義においては、生産手段は資本の形態をとり、主に私企業によって蓄積されていく。そのため私企業の蓄積についての選択が生産力の変動に決定的な意味を持つ。置塩信雄が強調しているように、資本主義において企業の技術選択は労働生産性基準ではなく利潤を基準[5]として行われるため、企業の資本蓄積が労働生産性を上昇させる方向へと動くとは限らない。この性質は置塩が述べるように生産性を向上させるという歴史的役割に対する、資本主義が有す

2　収益率の低さを根拠とすることの不十分さについての理由は次のとおりである。生産にたずさわるのではなく、単に価値の配分を受けるにすぎない資産が増加する場合は、資産市場における収益率は低下することになる。しかしこれは生産に携わる資本の蓄積が不要となったことを示すわけではない。そのため、収益率の低さのみでは資本蓄積が不必要となったということはいえない。次に経済の低成長を根拠とすることの不十分さであるが、それは年率では成長率が低かったとしても、それの累積的な効果は大きなものになるという点にある。例えば年間1％の成長率であったとしても10年後には約10％成長している。Piketty (2014) がいうように、年率としては低いものであっても長期的な変化は大きなものとなる。

3　「マルクスとエンゲルスにとって、資本主義は生産力の飛躍的発展という使命をもって歴史に登場した人類史の一段階であった」（平野他 (1982),p.5)

4　人的資本を高めるという方法であっても、それを生産力として実現するためには適合的な生産手段が必要である。例えば、どれほど優れた情報処理能力を有している個人であっても、情報機器がなければその能力を発揮することはできない。

5　このことを述べた置塩（1983）などでは費用基準としているが、置塩定理の仮定のように個別企業が現行価格を所与とみなして選択を行う場合には、費用基準は利潤基準と同一である。また置塩（1976）の第1章では資本家の決定基準を利潤追求であるとしている。

る一つの制限である[6]。そのため労働生産性の上昇が低いのであれば、人類史の観点からみた場合[7]に資本蓄積の有効性が低いということとなる。資本蓄積の有効性が低いことが即座に資本主義の限界の必然性を示すわけではないが、それを論じるにあたっての必要条件である。このような問題意識のもと、本章では日本における労働生産性の変化を計算することで、日本での資本蓄積の有効性について検討することを試みる。

　本章の議論と同様に労働投入量に着目し経済分析を行ったものとして泉（1992, 2014）、長澤（2009）、橋本・山田（2011）、山田（1991）などがある。これらの研究は本章のように資本という形態で生産手段を蓄積することの有効性を検討する目的を有してはいない。この大きな違いの他に労働投入量の計算方法において異なっているが、それについては第Ⅰ節で述べる。

　本章は次のように構成されている。第Ⅰ節では本章で使用した手法、およびデータと各変数の対応について論じる。また経済全体での労働投入量へ集約する方法、およびその結果を示している。集約された労働投入量の変化には、部門内での労働投入量変化と部門の比率が変化したことの双方が影響を与える。そのため第Ⅱ節では部門の比率の変更が日本の労働生産性の変化にどのような影響を与えているのかを見る。第Ⅲ節では部門内における労働投入量の変化をみる。第Ⅳ節はまとめである。

Ⅰ　日本の労働投入量変化

　本章では労働投入量という呼称を、次の (1) 式によって計算される t_i を指すものとして使用する。

6　Okishio (1961)、置塩（1963）。ただし置塩自身は晩年になると「生産力」という言葉をより広く人間の自然に対する制御能力という意味でとらえており、狭い意味での労働生産性に限定しないようになった。置塩自身の見解については置塩（1987）を参照。

7　当然のことであるが、蓄積の主体である個別企業の視点からすれば有効な蓄積である。

$$t_i = \sum_{j=1}^{n} a_{ij}t_j + \tau_i \quad i = 1, \cdots, n \tag{1}$$

ここで a_{ij} は第 i 財 1 単位の生産に必要とされる第 j 財の量、τ_i は第 i 財 1 単位の生産に直接投入される労働量である。これまで述べてきたように、(1) 式の連立方程式によって計算される労働投入量 t_i は、財 i の生産に必要な直接労働量と間接労働量の合計を表す。直接労働量は τ_i であり、間接労働量は、第 i 財の生産に必要とされる第 j 中間財の生産に使用されている労働量のことを示す。つまり中間財を経由する形で第 i 財の生産に間接的に投入されている労働量である[8]。

　次に労働生産性の定義を述べる。本章では以上の方法で計算された労働投入量の逆数として労働生産性を定義する。また、以下ではこの二つの名称を互換性のあるものとして使用している。

　本章で労働投入量の計算に使用するデータは、経済産業研究所が作成しているJIP2014データベースとよばれるものである[9]。このデータベースは1970年から、71年および72年は欠落しているが1973年以後2011年に至るまで連続して108部門の産業連関表を提供している。またこのデータベースでは各部門が投入したマンアワーも提供されている。1970年からデータは存在しているが、71年および72年については提供されていないという点を踏まえて、計算は1973年から行っている。また名目額ではなく2002年基準の実質額で計算を行っている。

　次に変数とデータの対応を説明する。a_{ij} については第 j 部門からの第 i 部門への中間投入額を第 i 部門の生産額で除すことによって計算した。泉 (1992, 2014)、長澤 (2009)、橋本・山田 (2011)、山田 (1991) などの価値量を計算した先行研究と異なり、本章の計算では資本減耗分を中間投入額に加算することは行っていない。それは次のように考えたためである。この方式において計算される労働生産性は使用価値次元の指標である。価

___

8　この方法で計算される t_i の性質については、置塩 (1957) で詳細に展開されている。
9　JIP データベースについては深尾・宮川 (2008) の説明が詳しい。

格次元の計算であるならば、毎期資本減耗分の価格が移転すると考えることは妥当である。しかしながら使用価値次元の場合、固定資本として参加した生産手段であっても物的に移転しているわけではないため、物的にみればその時点で再生産をする必要性はない。もちろん一定期間をへた固定資本は物的に更新されるが、それはその期のフローの中から補てんされる。そのため本章ではフローの労働投入量を計算することが重要と考え、このような方式で計算することとした。他の理由としては、固定資本形成マトリックスによる資本減耗引当額の各部門への配分という従来の方法は、毎年の計算を不可能にするということである[10]。資本減耗分を表示する行列を計算するために固定資本形成マトリックスを使用するが、これは産業連関表が計算される5年毎でしか実行できない。しかし労働投入量は毎年変動するため、5年毎であればたまたまトレンドから高い、あるいは低い年にあたってしまい判断を誤ることがある。そのためここでは毎年利用できる中間投入のみを使用して投入係数を計算している。τ_i についてはJIP2014 で提供されている各部門のマンアワーを利用している。また労働の質などの調整を行わず単純に実時間単位で計測している。これは労働の社会的配分という観点からみるならば、すべての労働は時間という意味で同一であるためである。

　以上で説明した方式によって 1973 年から 2011 年にかけての 108 部門の実質生産額 100 万円あたり労働投入量が計算される。なお、以下で述べる労働投入量の単位はすべて実質生産額 100 万円あたりである。紙幅の都合上それをここでは示すことができないが、労働投入量は絶対的な大きさとしても変化の方向としても 108 部門でばらつきがある。そのため

10　第 i 部門の第 j 財の資本減耗を d_{ij} とすると、これは次の式によって計算される。第 i 部門の資本減耗引き当て額を z_i、第 i 部門の第 j 財についての固定資本形成額を I_{ij} として

$$d_{ij} = \frac{z_i}{x_i} \frac{I_{ij}}{\sum_j I_{ij}}$$

とする。つまり、本年度の第 i 部門の固定資本形成額にしめる j 財の割合を資本減耗額にかけることで計算している。

マクロ経済全体で集約して経済全体での生産性変動を見る必要がある。どのような方法で集約するかであるが、本章では山田（1991）が述べるように部門毎の生産量の、全体の生産量に占める割合をウェイトとして各部門の労働投入量を加重平均することで集約した[11]。何をウェイトにするかについては複数の方法があるが、本章で計算している労働生産性は使用価値次元での生産性に関連するため、生産量でウェイトをとることが経済全体での生産性を表示するためには適当であると考えこの方法を採用した。具体的な数式で示せば、t年におけるi部門のウェイト w_i^t を次のように計算する。x_i^t をt年におけるi部門の生産量とすると、t年におけるi部門のウェイト w_i^t は、

$$w_i^t = \frac{x_i^t}{\sum_i x_i^t}$$

で定義される。T_i^t を (1) の連立方程式で計算されるt年における部門iの生産物の単位あたり労働投入量として、t年の集計された労働投入量 T_t は、

$$T_t = \sum_i w_i^t T_i^t$$

となる。この方法で計算したものが図1となる。

　図1をみると日本経済では通時的に労働投入量が低下している。つまり労働生産性は上昇していることがわかる。ただし1991年を境として労働投入量の低下率は低下した。また、2005年を境にして一段と低下が停滞することになった。この期間の平均低下率をみると、73年から91年にかけては年率マイナス3%、92年から2011年にかけては年率マイナス1.6%

11　山田（1991）36頁。このほかに泉（2014）の第7章では、各部門の産出物を生産するのに必要な全労働量をウェイトにすることがよいと述べている。橋本（2006）は垂直統合型の全要素生産性とよばれるものが、労働投入量と関係を持つことを示している。そこで使用されているウェイトは全部門の最終需要額合計にしめる第i部門の最終需要額の割合がウェイトとなる。紙幅の都合で示さないが、どちらのウェイトを利用しても集計された労働生産性の動態は同一の傾向を描く。ただし水準に関しては異なる。

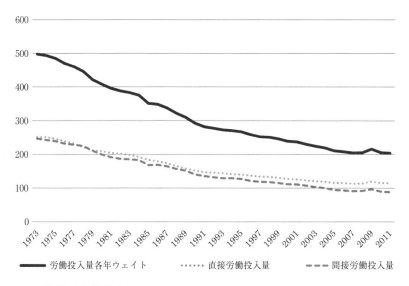

図 1　労働投入量推移グラフ
注）実質生産額 100 万円あたりの労働投入量である。

となっている。2005 年以降に限るとさらに低下率が低下しており年率マイナス 0.05％となっている。

　全要素生産性と同様に労働生産性という観点からみても、労働生産性の上昇スピードは 90 年代に入って減速したことが確認された[12]。ではこの減速はどのような要因によって引き起こされたものであろうか。本章の方式で経済全体での労働投入量を定義する場合、その変動は二つの要因によって規定されている。一つ目は部門のウェイト変動である。各部門の労働投入量の値に変化がなかったとしても、労働投入量の少ない部門のウェイトが上昇すれば経済全体での労働投入量は減少する。二つ目はそれぞれの部門内での労働投入量の変動である。各部門のウェイトが一定であったとし

12　日本の長期停滞において全要素生産性の減速が要因であるということは、理論的には Hayashi and Prescott (2002) 以降に有力な説明の一つとなった。JIP データベースを用いた計算では宮川・深尾（2008）でこのことが示されている。

ても各部門の労働投入量が変化すれば経済全体での労働投入量は変化する。そのためこの二つを区別して検討する必要がある。次節ではそれを行う。

II　部門構成変動の影響

　部門構成変動の影響をみるために、ウェイトを j 年に固定した場合の経済全体での労働投入量 T_t^{fj} を以下のように計算した。固定する年 j の部門ウェイトを w_i^{fj} として、

$$T_t^{fj} = \sum_i w_i^{fj} T_i^t$$

で計算する。このように固定ウェイトで計算された t 年の労働投入量から、図1に描かれた各年のウェイトを使用した t 年の労働投入量 T_t を引くことによって、労働投入量の変化のどれだけの部分が産出量の部門比率の変動によってもたらされたものであるかをみることが可能となる。ただしこの指標は T_i^t が小さくなれば絶対的な値として小さくなる。そのため、これを T_t で割り、その年の労働投入量に対する差の比率でみることとし、

$$\frac{(T_t^{fj} - T_t)}{T_t} = \frac{\sum_i w_i^{fj} T_i^t}{T_t} - 1$$

を計算した。経済全体での各部門の産出比率が j 年に固定されていた場合に、経済全体での労働投入量が現実の経済のものを上回るのであれば $(T_t^{fj} - T_t)/T_t > 0$ となる。この場合、現実の経済での産出量の構成は、労働量を低下させる方向へと変化してきたといえる。逆に $(T_t^{fj} - T_t)/T_t < 0$ であれば経済全体での産出量の構成は労働量を増加させる方向へと動いた、ということになる。

　以上の方法で計算された系列は、基本的に同じ動きを示している。すべての年について示すと煩雑となるため、1970年代、1980年代、1990年代および2000年代の各年代のそれぞれを代表して、1973年、1983年、1993年、2003年のものを図2に示す。

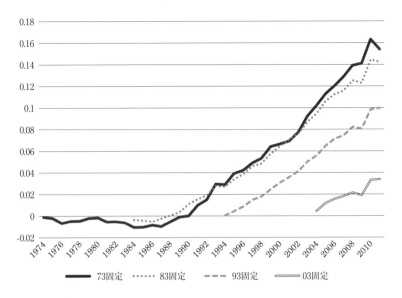

図2　$(T_t^{fj} - T_t)\,/T_t$

注）実質生産額100万円あたりの労働投入量である。

　1973年固定の系列は、70年代から実際の労働量の系列を下回り、1984年に差がマイナス方向にもっとも大きくなり、その後マイナス幅は小さくなり始め、1991年以降に実際の系列よりも労働量が大きくなる。その後は、差はプラス方向に単調に増加し続ける。1983年に固定した場合もこれと同様の動きをみせている。また1993年固定、2003年固定は当初から実際の系列を上回っており、その後の差は単調に増加し続ける。

　このことは次を意味している。70年代には生産量で測った部門の構成は労働量を増加させる方向へと変化した。部門の構成が労働量を増加させるように変化することは1984年前後にピークを迎え、その後に部門の構成は労働量を低下させる方向へと変わり始めた。現実の経済における部門の構成が、それ以前と比較して労働投入量をより少なくするようになったのは1990年前後からである。90年代に入ると、現実の経済は、産出量からみた部門の構成としては、過去の構成よりも労働量が少なくてすむように毎年変化している。しかし図1でみたように90年代に入ると日本の労

働投入量低下速度はそれ以前と比較して減速している。部門の構成は労働量を低下させる方向へと動いているのであるから、90年代に入ってからの労働投入量低下の減速は部門内での労働投入量低下速度が低下したことが原因ということになる。次節ではそれを検討する。

Ⅲ 部門内での労働投入量変化

この節では部門内の労働投入量変化を考えるが、108個あるすべての部門を検討することは紙幅の都合上困難である。そのためここでは産出量を基準としたウェイトの上位30部門に限定して論じる。以下では労働投入量低下速度が減速した1990年以降に焦点をあてるが、その間にも上位に位置する部門には変化がある。そこで1990年以降、常に上位30位以内であった部門を旧来型部門、2010年時点で新たに30位以内に入っている産業を新興部門とよび、それぞれの部門ついて検討を行う[13]。それぞれに含まれている部門を表1に示した。またそれぞれの部門の産出量ウェイトの変動について図3に示した。旧来型部門の産出量合計が経済全体に占める割合は安定して5割前後である。対して新興部門の割合はこれよりも低いが、通時的に上昇している。特に1990年代以降は上昇の度合いが加速している。

表1 旧来型部門および新興部門

1990年で上位30位に入り、2010年までつねに上位30以内であった部門（旧来型部門）	建築業，卸売業，小売業，土木業，その他（政府），金融業，その他の対事業所サービス，自動車部品・同付属品，飲食店，教育（政府），道路運送業，その他の鉄鋼，保険業，自動車，娯楽業，医療（民間），自動車整備業・修理業，特殊産業機械，電気業，その他の食料品
1990年では上位30位に入っておらず，2010年にあらたに上位30位以内に入った部門（新興部門）	電信・電話業，民生用電子・電気機器，業務用物品賃貸業，電子部品，情報サービス業（インターネット付随サービス業），半導体素子・集積回路，電子計算機・同付属装置，社会保険・社会福祉（非営利）

まずは旧来型部門に分類されている部門の労働投入量変化についてみる。

---

13 90年以降常に上位30位以内に入った部門の中には住宅部門がある。しかし住宅部門は帰属家賃を割り当てるための特殊な部門であるため、ここでは除外した。

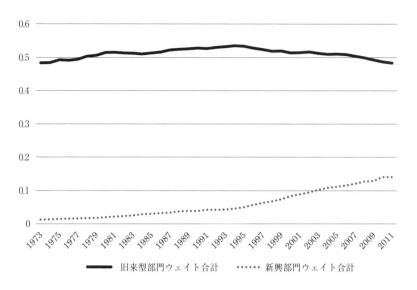

図 3　旧来型部門および新興部門の経済全体の産出量に占める割合

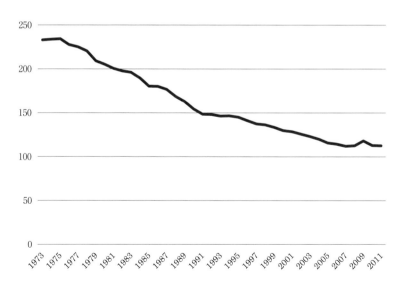

図 4　旧来型部門の労働投入量変化
注）実質生産額 100 万円あたりの労働投入量である。

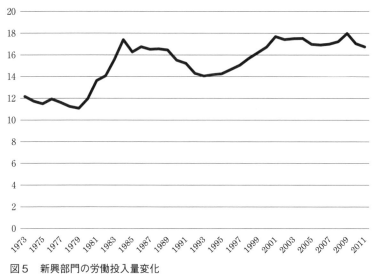

図5　新興部門の労働投入量変化
注）実質生産額 100 万円あたりの労働投入量である。

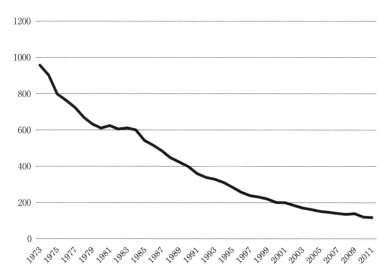

図6　新興部門の産出量合計を分母とした場合の労働投入量変化
注）実質生産額 100 万円あたりの労働投入量である。

本来は個別部門毎に見ることがのぞましいが、紙幅の都合もあり表 1 と同様に w_i^t をウェイトとして使用し集約したものを図 4 に示す。

　図 4 をみると、傾向としては図 1 と似通ったものということがわかる。1990 年代に入ると、それ以前と比較して労働投入量の低下速度が遅くなり、2000 年代後半に入るとさらに緩やかとなり、ほぼ停滞状態となっている。つまりこの部門の労働生産性は上昇がにぶくなり、そして停滞状態へと至ったということになる。

　次に新興部門についてみる。新興部門についても旧来型部門と同様に、w_i^t をウェイトとして使用し集約したものを図 5 に示す。

　一見すると新興部門の労働投入量は低下していないようにみえる。しかし、この増大は経済全体で新興部門が占めるウェイトが増大したことによって引き起こされたものである。ウェイトが増大するもとでも、新興部門では 1984 年から 1995 年までは労働投入量が低下していた。それ以降はウェイトの増加が加速したこともあり上昇する。ただし、2000 年代に入ると労働投入量は横ばいとなる。このことは、ウェイトの大きな上昇を相殺できる程度には労働投入量の低下が続いていることを意味している。実際に、経済全体に占める産出量ではなく、新興部門に分類された諸部門の産出量合計を分母として計算されたウェイトを使用した場合には図 6 となる[14]。

　図 6 が示すように旧来型部門とは異なり、1990 年代にはいっても労働投入量の低下速度がはっきりと減速してはいない。ただし 1997 年を境にして、新興部門でも労働投入量の低下がそれ以前と比較すると減速している。減速の要因は、新興部門においても、それに属するすべての部門で労働投入量が低下を続けているわけではないという点にある。個別部門毎にみれば、今後高齢化の進展によりさらにウェイトが増すことが予想される社会保険・社会福祉（非営利）部門では労働投入量の低下が停滞している。

14　旧来型部門についても同様の方法で労働投入量の変化をみることは可能である。旧来型部門の場合はウェイトが安定していることもあり、図 4 で示したものとほぼ同一となる。

また電信・電話業では 2000 年以降労働投入量の低下が停滞し、急速な低下をみせていた業務用物品貸借業においても 2005 年以降では停滞している。情報サービス業においても 2000 年以降は停滞し、2000 年代後半に入るとゆるやかな増加傾向にある[15]。このように、新興部門であってもいくつかの部門では労働投入量の低下の停滞がみられるようになっている。また経済全体での労働投入量に対して重要であるのは、図5で示した経済全体での産出量をウェイトとした場合の労働投入量の変化である。このことを考えると、新興部門においても労働投入量の低下は不十分であるといえる。

まとめ

本章では日本経済における労働生産性の変化を計算し、資本蓄積の有効性について分析を行った。得られた結論は、1990 年代以降の日本においては、労働生産性という観点からすると、資本蓄積の有効性が低下しているというものである。

本章での労働生産性は、労働投入量の逆数の形で定義されているが、労働投入量は個別部門で計算されるため経済全体の状態を表すためには何らかの形で集約する必要がある。本章では部門の生産量をウェイトとして集約するという方法をとった。結果としては 1990 年代に入り、それ以前とは異なって労働投入量低下の速度が低下し、2005 年以降になりさらに遅くなっているということがわかった。この原因は生産量の構成が労働投入量の大きい部門へと移っていくという部門構成の変化にあるのではなく、個別部門内で労働投入量の低下、つまり労働生産性の上昇が停滞したという点に原因がある。1990 年時点でウェイトが大であった部門では労働生産性の上昇が 90 年代以降緩やかとなっており、この時点ですでに労働生産性の観点からみた資本蓄積の有効性が低下していた。しかし 1990 年以降にウェイトが増加した新興部門では労働生産性の上昇が継続してお

---

[15]　日本経済での IT 化の影響を本章で使用した労働生産性の観点から分析したものとしては長澤（2009）がある。

り、これらの部門では資本蓄積が依然として有効であった。しかし、これらの新興部門でも 2000 年代に入ると労働生産性の上昇が減速を始めている。置塩信雄は、私企業による技術選択は利潤を基準として行われるため、労働投入量を必ずしも低下させるとは限らないと述べ、これを資本主義が生産力の上昇の桎梏となることの一つの表現とみなした。この観点からすると、本章で見出された労働生産性上昇の停滞傾向は、資本主義が限界をむかえつつあることを主張するための必要条件が満たされていることを示している。

　ただし本章は資本主義の限界の必然性を示したというわけではない。そのためには理論的な検討[16]、また労働生産性の上昇が停滞している要因について個別部門に立ち入った具体的な分析、および部門間の連関を考慮に入れた分析が必要である。特にイノベーションの可能性についての検討は重要である。本章の計算では 90 年代に入ると旧来型部門では労働生産性の上昇が停滞し始めたものの、新興部門については労働生産性の上昇が継続している。このように新興部門の急速な勃興が再び生じた場合は労働生産性の再度の上昇が生じる可能性は残されており、そのような場合には再び資本という形態での生産手段の蓄積が有効となる。これは近年になり議論されている AI やロボットの導入という点とも絡めて重要な論点である。このように、資本主義の限界についての理解を深めるためにはイノベーションを生み出す力が枯渇したのか[17]という点もあわせて検討しなければならず、これらの点は今後の課題である。

16　資本主義の終焉の必然性を理論的に示すということは困難であるが、近年の試みとしては山下・大西（2002）が提案したマルクス派最適成長モデルがあげられる。また置塩信雄は人類の存続という点から、資本主義というシステムが生産力にそぐわなくなっており止揚されなければならないという意味での「必然性」を述べている。必然性を述べることの困難については置塩（2004）第 I 章 3 の伊藤誠との対談を参照。

17　田添（2010）は資本主義において内生的に技術進歩を生み出す力が枯渇する可能性について論じている。

参考文献

泉弘志（1992）『剰余価値率の実証研究：労働価値計算による日本・アメリカ・韓国経済の分析』法律文化社

――（2014）『投下労働量計算と基本経済指標―新しい経済統計学の探求』大月書店

碓井敏正・大西広編（2014）『成長国家から成熟社会へ―福祉国家論を超えて』花伝社

置塩信雄（1957）『再生産の理論』創文社

――（1963）「『利潤率傾向低下法則』について」『国民経済雑誌』107 巻 5 号 22-48 頁

――（1976）『蓄積論』筑摩書房

――（1983）『資本制経済の基礎理論　増補版』創文社

――（1987）『マルクス経済学 II 資本蓄積の理論』筑摩書房

田添篤史（2010）「人口増加と技術進歩の同時停滞の可能性の検討」『経済論叢』第 184 巻第 4 号、27-36 頁

鶴田満彦『21 世紀日本の経済と社会』桜井書店

長澤克重（2009）「全労働生産性と全要素生産性からみた IT 化の経済効果」『立命館大学産業社会論集』第 45 巻第 3 号、1 -16 頁

橋本貴彦（2006）「全要素生産性と全労働生産性の比較分析」『立命館経済学』第 55 巻第 4 号、50-69 頁

橋本貴彦・山田彌（2011）「全労働生産性と全要素生産性の比較と測定」『立命館経済学』第 59 巻 6 号、377-401 頁

平野喜一郎、尼寺義弘、島津秀典、角田修一編（1982）『経済原論』青木書店

深尾京司・宮川努編『生産性と日本の経済成長―JIP データベースによる産業・企業レベルの実証分析』東京大学出版会

山田彌（1991）「投下労働量・労働生産性・労働交換率の測定―産業連関データによる日米経済の比較分析」『立命館経済学』33 巻 6 号、28-67 頁

山下裕歩・大西広（2002）「マルクス理論の最適成長論的解釈―最適迂回生産システムとしての資本主義の数学モデル」『政経研究』78 号、25-33 頁

Hayashi, Fumio and Edward C Prescott (2002), "Japan in the 1990's: A lost Decade", *Review of Economic Dynamics*, Volume 5, Issue 1, 206 – 235.

Okishio, Nobuo (1961), "Technical Change and the Rate of Profit", *Kobe University*

　　Economic Review, No.7, pp.85 - 99.

Piketty, Thomas (2014), *Capital in the Twenty-First Century,* Harvard University Press.
　　（山形浩生・守岡桜・森本正史訳『21 世紀の資本』みすず書房、2014 年）

〈データソース〉

経 済 産 業 研 究 所 JIP2014 デ ー タ ベ ー ス　http://www.rieti.go.jp/jp/database/
　　JIP2014/

第8章 日本経済の景気循環と資本主義の 歴史的役割

はじめに

　本書では、資本主義はその本質からして問題を引き起こすのか、という
ことを一つの問題意識として持っている。本章ではこのことを、「資本主
義の歴史的役割」という点から考えていく。

　置塩信雄は、資本主義における企業の技術選択は、「価値」を基準とし
たものではなく、「利潤」を基準として行われるという点を「置塩定理」
を展開するにあたって重視した。企業は利潤を目的として行動するため、
技術選択を行う場合にも当然に利潤が基準となる。そのため、新技術の採
用が価値[1]の逆数として定義される労働生産性の上昇を必ずしも導かない。
置塩はこのことを資本主義の一つの問題としてとらえ、生産性を向上させ
るという資本主義の歴史的役割[2]に対して、資本主義が利潤を目的とする
という、それ自身の本質からくるものとして持つ資本主義の内部において
は解決不可能な制限ととらえた[3]。置塩（1983）の中でこの問題が2部門の
モデルとして展開されている。そのモデルでは、利潤率が高いほど、価値

1　本章では置塩の定義に従っているため、ある生産物の価値は、その生産物一単位に
　投入された直接・間接の労働量の合計となる。また労働生産性は、価値の逆数とし
　て定義される。

2　置塩（1957）の302頁では「マルクスは搾取社会が単に不正で合理的な社会である
　のではなくて、歴史の一定の段階には合理的なものであり、生産力を発展させ、よ
　り高度な搾取なき社会が出現するための条件をつくり出す役割を果たすものである
　という進歩性を明確にし」という見解が述べられている。

3　この点は Okishio (1961)、置塩（1963）において示されている。ただし置塩の晩年
　では「生産力」という言葉は単に労働生産性のみではなく、より広い意味で使われ
　るようになっている点には注意が必要である。

を低下させる技術集合と、利潤を増加させる技術集合の領域が異なる程度が大きくなっていく。つまり置塩の主張は、資本主義下において利潤を基準として行われる技術選択は、利潤率が高いほど労働生産性を上昇させない可能性が高くなり、利潤率が低いほど労働生産性を上昇させる可能性が高まるということである[4]。これは、利潤率が高いほど、資本主義が労働生産性を上昇させるという歴史的役割を果たす可能性が低下し、逆の場合は逆であるということでもある。

　本書の第 4 章で述べているように、労働生産性の上昇が必要である理由は、必要労働量を低下させることで、他の用途に対して自由に使用できる時間を増大させることが人類社会の発展にとって重要であるという点にある。必要労働にあてなくてすむ時間がなければ、剰余生産物を生み出すことはできず、社会の物質的発展の基礎は存在しない。また物質的発展ではなく人間的な発展を目指すにしても、そのためには必要労働にとらわれない自由な時間が必要となる。すべての人間が、自分が生きていくために必要なものを再生産するために従事しなければならないのであれば、その社会は文化的にも発展することは困難である。そのため剰余労働の存在量は、社会の発展可能性を示すものとして重要となる。もちろんすべての社会において、剰余労働量が社会の発展可能性を示すものとして直接に出現するわけではない。資本主義社会においては、剰余労働量は潜在的な社会の発展可能性の指標であるにすぎず、それが直接実現することはない。むしろ現れ方としては企業が獲得する利潤として、労働者からは縁遠いものとして出現している。しかし潜在的な可能性にすぎないとはいえ、それが準備されていない限り、仮に資本主義を別の社会体制に取り換えたとしても人々の生活が豊かになることはない。つまり、剰余労働が存在することは十分条件ではないが必要条件である。剰余労働時間を物質的生産にあてるのであれ、人間的な発展に向けるのであれ、それをなすには必要労働量を超える時間が必要とされる。ある社会システムの正当性は、剰余労働量を

4　置塩のモデルでは利潤率がゼロである場合は、利潤を基準として行われる技術選択は必ず労働生産性を上昇させる。このモデルについては本書の第 4 章第 I 節も参照。

生み出し、そして増加させることができているのかという点から考えることもできるのである。

　現実の資本主義社会は景気循環を繰り返しながら成長してきた。利潤率の動きとしては、基本的には好況の過程で利潤率は上昇し、不況期において低下する。先に述べたように、利潤率が高いほど、労働生産性を上昇させる技術選択と、利潤を増加させる技術選択の領域の異なりは大きくなる。この二つを組み合わせると、利潤率が高まる好況期であるほど、労働生産性の上昇が停滞し、逆に不況期においては労働生産性の上昇が促進される可能性を持つということになる。つまり資本主義という社会システムは、不況期において人類社会の発展可能性を上昇させ、好況期において低下させるという、景気循環に対する通常の意識とは逆のことを行っているという仮説を立てることができる。本章はこの点を実際に検討するものである。

　このような観点から具体的に現実の社会を考えていく場合、必要労働量をどのように定義するかということが問題となる。置塩自身の定義では、必要労働量は労働力を再生産するために必要な消費財に含まれる労働量に限定される。しかしながら本章の目的のように社会全体での発展可能性を考える場合には、非労働力人口が消費する部分は剰余生産物から賄われるとするのではなく、非労働力人口の消費を賄う部分も、社会的にみて必要な労働量とみなすことが妥当である。そのため、労働者の消費に限定せず、家計部門の最終消費に含まれる労働量という形で必要労働量をとらえる。

　このように定義したうえで、投下労働量から必要労働量を引いて剰余労働量を計算し、さらに剰余労働量を投下労働量で除す。このように計算された剰余労働量／投下労働量を、本章では社会の潜在的な発展可能性を示す指標とみなす。これは社会全体で投下された労働量と、その時点で投下された労働量の中で、消費に必要とされない、つまり何らかの剰余生産物を生み出すことに向けられることが、潜在的には可能な労働量の比率を意味する。この指標を利用して、好況期に潜在的な発展可能性の促進という意味において資本主義がその歴史的役割を果たさなくなり、不況期にはその逆となるという転倒的な性質を持つという仮説について検討を行っていく。

　ここで、この仮説と従来のマルクス派の恐慌論・景気循環論において伝統的に主張されてきた、停滞期に生産性が上昇するという点との関連について付言しておく。本章の仮説も、停滞期に生産性が上昇する傾向があるという点をベースとしている点では従来のものと同一である。しかし本章で使用されている生産性の意味は置塩の定義に従って計算された価値の逆数であり、伝統的にマルクス派が使用してきた生産性の概念とは異なったものである[5]。生産性という言葉を使用しており、それが不況期に上昇する傾向があると考える点では類似しているが、生産性という言葉で意味するものが異なっている。そのため、本章では伝統的な恐慌論・景気循環論の成果には言及していない。

　この仮説の検討には、置塩の方法での価値の計算が必要であるが、そのためには産業連関表が必要となる。また毎年の変化を連続的にみることも必要となる。そのため、本章では独立行政法人経済産業研究所が提供しているJIP2015データベースを利用した。これは1973年から2012年までの連続した産業連関表を提供しているデータベースである。このようなデータの都合上、分析は1973年から2012年の範囲に限定される。

　以下は次のように構成される。第Ⅰ節では、1973年度から2012年度の総資本経常利益率の動きを概観し、好況期には利益率が高く、不況期には利益率が低下するという動きが成立していることを、改めて確認する。第Ⅱ節では、本章での価値の計算方法を説明する。第Ⅲ節において、景気循環と剰余労働量／投下労働量の比率の動態を検討し、本章の仮説を検討する。第Ⅳ節は、好況の最終局面で観察される、剰余労働量／投下労働量の停滞という現象の背後にあるメカニズムを検討する。第Ⅴ節はまとめである。

5　恐慌論・景気循環論の代表的論者である冨塚良三氏は置塩の価値の定義自体を批判している。近年において利潤率の傾向的低下法則に依拠して日本経済の分析を行った小西（2014）では、労働生産性という言葉を付加価値生産性に近い意味で使用している。基本的に置塩の系譜に立つ論者以外は、置塩の価値概念をマルクス的な意味の価値を意味するとは認めていない。そのため、主流の恐慌論・景気循環論が持つ生産性概念は置塩のものと異なると理解される。

Ⅰ　日本の利潤率変動

　最初に日本の利潤率の変化をみる。利潤率の計算方式は複数のものがあるが、本章では総資本経常利益率をみることとする。これは、本章の仮説が基としている置塩の理論は、利潤基準による資本家にとっての最適な選択は、投下労働量という側面からみると最適な選択ではないことがあるというものであるため、経営者がその意識のうえで選択の基準とする利潤率をみることが妥当と考えたためである。経常利益は会社の資産運用や借入金など事業全体に関わる部分をとらえる目的に適しているため、総資本経常利益率を使用した[6]。図1に総資本経常利益率が描かれているが、これは法人企業統計から、金融保険業をのぞく全規模を、また期間として四半期の値を基に、その平均として年次の値を計算し示したものである。図1をみると、総資本経常利益率は上下動を繰り返しながら、1975年度以降はほぼ2％から4％の間を変動している。1975年度から2012年度の間では、総資本経常利益率のピークとよべる時期が三つ存在する。1979年度から1980年度にかけての時期が一つ目のピークであり、景気基準日付でいえば第9循環の谷から山への期間に対応する。その後、1986年度までは低下し、3％となる。この時期は、第9循環の景気後退期および第10循環のすべてに対応した期間である。その後は上昇し、バブルの頂点である1990年度、1991年度にかけて二つ目のピークを形成する。バブル崩壊とともに急落し、1990年代後半には1.6から2％の間にまで落ち込むが、そののち上昇に転じる。第13循環および、戦後最長の景気拡大となった

6　利益率の他の代表的な指標である営業利益率は、本業での利益率の指標である。経営者にとって収益源を本業に限る必要はなく、どのような方法であれ利益があがればよいため、経営者の判断基準に重点をあてるならば営業利益率は適当ではない。逆に生産活動に限定して利益率をとらえることが目的であれば、営業利益率のほうが適当である。この点から営業利益率を採用しているものとしては、小西（2014）、森本（2015）がある。また経常利益率、営業利益率ともにマルクス自身の利潤率概念とは異なっているが、これについてもここでの焦点が、経営者が判断基準とする利益率にあるため、検討していない。

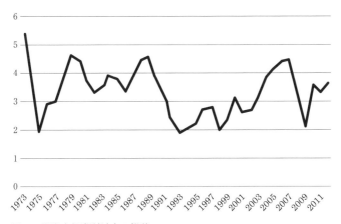

図1　総資本経常利益率の推移
資料：財務省「法人企業統計」より作成
注）金融業、保険業をのぞく全産業、全規模により計算した。四半期の値を平均して年次
の値として計算している。

第14循環期に上昇し、2005年度から2007年度に三つ目のピークに達す
る、ということになる。これをみると、常識的な結論であるが、日本にお
ける企業の総資本経常利益率は好況期に上昇し、不況期に低下した、とい
うことがわかる。

Ⅱ　本章での「価値の計算」

　本章では置塩の方式に従い、価値を計算する[7]。また、本章ではこれまで
の章とは異なり、輸入を考慮した場合に基づいて計算を行う。輸入品の価
値については、置塩などの先行研究と同様に、輸入品を手に入れるために
輸出しなければならない国内品に含まれる価値とする。輸入品を手に入れ
るためには外貨が必要であるが、外貨を手に入れるためには輸出が必要で
ある。100万円を基準単位とすると、100万円分の輸入を行うための外貨

7　この方式で計算される価値の理論的な側面については、本書の第1、2章を参照。
　また置塩自身のものとしては置塩（1957）を参照。この価値概念を利用した研究と
　しては、泉（1992, 2014）などがある。

を獲得するために必要な輸出を構成する国内財の価値が、100万円分の輸入品の価値であるとする。この場合、価値は以下のように計算される。

a_{ij}^d を第 j 商品を 1 単位生産するために必要な第 i 国内商品の量、μ_j を、第 j 商品を 1 単位生産するために必要な輸入品の量、τ_j を、第 j 商品を 1 単位生産するために必要な直接労働量、$(e_1 \cdots e_n)$ を 1 単位の輸入財を得るために輸出する国内財の組み合わせを示すベクトルとする。このもとで各財の価値 t_i および輸入財の価値 t^m は次のように定義される。

$$t_j = \sum_i a_{ij}^d t_i + \mu_j t^m + \tau_j \quad (j = 1,2,\cdots,n) \tag{1}$$

$$t^m = \sum_i e_i t_i \tag{2}$$

ここで $\sum_i e_i = 1$ である。(1) 式に (2) 式を代入し、j = 1 から並べて書くと、

$$t_1 = a_{11}^d t_1 + \cdots + a_{n1}^d t_n + \mu_1 e_1 t_1 + \cdots \mu_1 e_n t_n + \tau_1$$
$$\vdots$$
$$t_n = a_{1n}^d t_1 + \cdots + a_{nn}^d t_n + \mu_n e_1 t_1 + \cdots \mu_n e_n t_n + \tau_n$$

となる。行列で書くと、

$$(t_1 \quad \cdots \quad t_n) = (t_1 \quad \cdots \quad t_n) \begin{pmatrix} a_{11}^d + \mu_1 e_1 & \cdots & a_{1n}^d + \mu_n e_1 \\ \vdots & \ddots & \vdots \\ a_{n1}^d + \mu_1 e_n & \cdots & a_{nn}^d + \mu_n e_n \end{pmatrix} + (\tau_1 \quad \cdots \quad \tau_n) \tag{3}$$

となる。これを t ベクトルについて解くことで、各財の価値 t_i が導かれる。また輸入財の価値 t^m は (2) から計算される。

この計算を行うためには、国内品に関する投入係数 a_{ij}^d が必要である。しかし本章で計算に使用するデータは競争輸入型の産業連関表であるため、国内品に関する投入係数を直接えることはできない。そこで競争輸入型産業連関表を利用して計算を行っている先行研究と同様に、輸入係数を利用して近似することとした。

次に、資本減耗の取り扱いである。価値計算を行う場合には、資本減耗についても投入係数とみなすことが一般的である。ただし第 i 列部門にお

ける資本減耗がどの行部門に割り当てられるかについてのデータはなく、第i列部門における資本減耗総額がわかるのみである。そのため、これを分割する必要がある。これについて本章では、最終需要列の固定資本形成（民間＋公的）の、各行部門の比率に応じて、総額を分割して割り当てることとした。この方法をとる場合、すべての列部門において固定資本減耗の行部門への割り当ての比率は同一となる。いわば、すべての列部門が同一の「固定資本」という合成財を使用しているのと同一となる。これについては非現実的であるが、データの制約上、本章ではこのように取り扱っている。このようにして資本減耗を第i行第j列に分割して割り当てたものを拡大投入行列と呼ぶ。拡大投入行列の第i行第j列は、第i部門から第j部門への1単位生産あたり資本減耗＋中間投入の合計としての投入額を表す。これを第j部門の生産額で割ることによって、資本減耗を考慮した拡大投入係数が計算される。以下では投入係数と呼んだ場合、この拡大投入係数を意味している。

　本章では次のように定義されるi部門の輸入係数 M_i を利用して、国内品に関する投入係数を計算した。M_i を次の式で定義する。

$$M_i = \frac{m_i}{(f_i + a_{i1}x_1 + \cdots + a_{in}x_n)}$$

a_{ij} は第i部門から第j部門への拡大投入係数、x_i は第i部門の産出量、f_i は第i部門の国内最終需要、m_i はi部門における輸入額である。競争輸入型産業連関表を利用して、国内品に関する投入係数を計算している先行研究と同様に、$(1-M_i)a_{ij}$ によって第i部門から第j部門への国内品に関する投入係数を計算する。先の記号でいえば、a_{ij}^d に対応する部分である。

　次に (3) 式の中での、$\mu_f e_i$ の部分の計算について述べる。1単位の輸入財を得るために輸出する国内財の組み合わせを示すeベクトルの第i要素 e_i については、最終需要項目にある第i部門の輸出額を総輸出額で割ることによって計算する。つまりは単位輸出額あたりに占める、第i部門の輸出額の割合である。これをすべての部門について並べた縦ベクトルを単位輸出ベクトルeとする。μ_j は第j商品を1単位生産するために必要な輸

入品の額となるが、これは第 i 部門から第 j 部門への第 j 財 1 単位生産あたり輸入品の投入額を、すべての i について足し合わせたものである。つまり、$\Sigma_i\,(a_{ij}-a_{ij}^d)$ となる。本章の定義では、$a_{ij}^d = (1-M_i)a_{ij}$ なので

$$(a_{ij} - a_{ij}^d) = M_i a_{ij}$$

となる。M_i を対角要素にもつ対角行列を M と表記し、a_{ij} を各要素にもつ行列を A とすると、$M_i a_{ij}$ を各要素として持つ行列は、MA によって計算される。縦ベクトル e を列方向に、部門の数だけならべた行列を E、$\Sigma_i M_i a_{ij} = \mu_j$ とすると、

$$\mathrm{EMA} = \begin{pmatrix} \mu_1 e_1 & \cdots & \mu_n e_1 \\ & \ddots & \\ \mu_1 e_n & \cdots & \mu_n e_n \end{pmatrix}$$

となる。そのため、

$$\begin{pmatrix} a_{11}^d + \mu_1 e_1 & \cdots & a_{1n}^d + \mu_n e_1 \\ \vdots & \ddots & \vdots \\ a_{n1}^d + \mu_1 e_n & \cdots & a_{nn}^d + \mu_n e_n \end{pmatrix} = (I - M)A + \mathrm{EMA}$$

として計算される。上の式の左辺の第 i 行第 j 列要素の意味は、資本減耗分をふくんで第 i 部門から第 j 部門 1 単位の生産に直接投入された第 i 財の量に、第 j 部門の 1 単位生産に必要な輸入品を獲得するために輸出された第 i 財の量という形で、輸出を経由して迂回的に投入された第 i 財の量を足しあわせたものである。各部門の直接労働投入量をあらわす τ ベクトルが与えられれば (3) 式を解いて、t が計算されることとなる。

　次に計算に使用したデータである。本章では経済産業研究所が提供する JIP2015 データベースを利用した。これは経済産業研究所が提供している、1970 年および 1973 年から 2012 年にかけての 108 部門産業連関表のデータベースである。1971 年および 1972 年にかけてのデータが提供されていないため、本章での計算は 1973 年から行っている。またこのデータでは各部門の総実労働時間も提供されているため、計算において、各労働者の雇用形態の差異を考慮する必要がないのも利点である。

　以上の方式で計算された価値を利用して必要労働量を計算するが、その

ために JIP2015 データベースに含まれる産業連関表の、最終需要部門を構成する家計最終消費の分量を使用した。家計最終消費列に含まれる第 i 財の消費額を c_i 円とすると、計算された 100 万円あたりの投下労働量 t_i を使用して、その消費額に含まれる投下労働量の合計が計算される。式で表すならば、

$$必要労働量 = \sum_i c_i t_i \tag{4}$$

となる。このようにして計算された必要労働量は、家計最終消費に含まれている直接・間接の労働投入量を表している。この必要労働量を投下労働時間の合計から引き、剰余労働量を計算し、剰余労働量／投下労働量を計算した。

　この指標は置塩が労働生産性とみなした直接・間接の労働投入量 t の逆数として計算される値それ自体とは異なっている。t の逆数それ自体でみるのではなく、(4) 式の形で必要労働量という形に変換したのは、本章においては社会的な労働配分という観点から社会の潜在的な発展可能性をとらえようとしているためである。社会全体で投下されている労働時間の中でどれだけが潜在的に自由な時間として配分可能であるかを直接とらえるためには、t それ自体をみるのではなく社会的な労働配分の形に変換してみることのほうがより適切である。そのため剰余労働量／投下労働量を指標として利用している。

Ⅲ　剰余労働量／投下労働量の動態

　図2を参考としながら、剰余労働量／投下労働量の比率の長期的変化についてまとめる。この比率は 1973 年から 1975 年まで低下し、そこから 1977 年にかけて上昇する。再び反転し、1979 年に 1991 年のバブル崩壊以前における最低に達する。1980 年、1981 年と連続で上昇した後に、1982 年、1983 年と低下、そこから再度上昇し、そこから 1985 年まで上昇し、1986 年はほぼ横ばい、1987 年にやや低下した後、以後は 1991 年

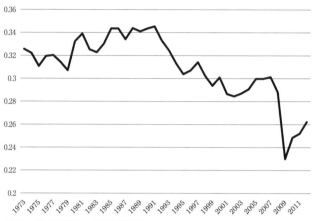

図2　剰余労働量／投下労働量
注）剰余労働量は総労働時間−必要労働量によって計算した。

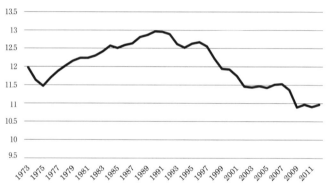

図3　総労働時間の変化
注）縦軸の単位は 10^{10} を基準とした実時間である。

のバブル崩壊までほぼ横ばいとなる。それ以後は長期的にみて低下トレンドとなる。バブル崩壊以後1995年に至るまで低下するが、1997年まではいったん上昇する。そこから再度低下していき、1999年から2000年にかけていったん上昇するものの、そこから2002年までは再び低下していく。2002年を底として2007年までは上昇していく、しかし2007年から2008年にかけて低下し、2008年から2009年にかけては急激に下落する。以後は再び上昇を始めている。

　これが 1973 年以後の流れであるが、大きなトレンドとして分割すると、1991 年を境としてわけることができる。1991 年以前は剰余労働量／投下労働量比率はやや上昇傾向にあった。しかし 1991 年以降は長期的にみてこの比率は低下トレンドに入る。わずかな反転はあるものの 1991 年から 2001 年までは傾向的に急速にこの比率が低下していく時期となっている。そこから 2007 年までは剰余労働量／投下労働量の比率は上昇していくものの、2008 年には低下し、そして 2009 年には 1 年間では最大の比率低下となる。

　この動態を総労働時間それ自体の変化と合わせてみると何がいえるのかを次に考える。日本経済における総労働時間は図 3 にあるように、1990 年を頂点とする山となっている。それ以前については、1973 年から 75 年にかけては低下するものの、以後は増加を続けている。それに対して、90 年代に入って以降は減少を続けるという変化となっている。そのため、剰余労働量の絶対的な大きさでいえば、比率の上昇と投下労働量自体の上昇の相乗効果により 80 年代までは上昇を続け、それ以降は比率自体の低下と投下労働量それ自体の低下の両方があいまって低下していったということになる。

　では剰余労働量と投下労働量の比率と、景気循環の関係性はどうであったのか。それを次節で検討する。

Ⅳ　剰余労働量／投下労働量と景気循環の関係性

　剰余労働量／投下労働量の比率の変遷を描いた図 2 と、資本経常利益率の動向を描いた図 1 を比較することで、この 2 つの系列の関係性をみる。ただし、利益率については年度で計算されており、価値については年次で計算されているため、若干のずれが存在しているという点については注意が必要である。剰余労働量／投下労働量は 76 年、77 年の回復はあるものの、1973 年から 1979 年にかけては若干の低下傾向にある。これに対して総資本経常利益率は、1975 年度から 1980 年度にかけて上昇を続け、一つ目のピークへと至った。この期間は企業の利益の点からは好景気にみえて

も、剰余労働を生み出すという資本主義の歴史的役割という点からはむしろ後退していたといえる。この後に、1981年度から1986年度までは利益率は停滞する。しかし剰余労働量／投下労働量は、1983年に底をうち、1985年にかけて最高レベルに達している。1987年度には利益率は上昇し、1988年度、1989年度と第二のピークへといたる。対して、剰余労働量／投下労働量の比率は1985年以降、1991年までほぼ横ばいとなる。以上でみてきた、1970年代中ごろからバブル経済の時期までの剰余労働量／投下労働量の比率と経常利益率の動き方の関連をまとめると、次のようになる。1970年代後半には、利益率と剰余労働量／投下労働量は逆の動きを示した。また1980年代前半には利益率が低迷したのに対して、剰余労働量／投下労働量は上昇していた。1980年代後半に利益率が改善していくと、剰余労働量／投下労働量は、低下はしていないが上昇しないという停滞局面に入った。これをみると、この期間には利益率と剰余労働量／投下労働量は逆に動く傾向があったといえる。

　バブル経済崩壊以降の日本経済は失われた20年とよばれる長期停滞期へと突入していくが、本章で計算された剰余労働量／投下労働量の比率は先に述べたように、この時期から長期的にみて低落していく。利益率は1993年度に底をうち、1997年度にかけて上昇する。剰余労働量／投下労働量の比率は、1995年まで低下を続けるが、1996年、1997年と上昇する。利益率は1998年度に再度、バブル崩壊後の最低水準まで低下するが、そこから反転し、1999年度、2000年度と上昇する。剰余労働量／投下労働量の比率は、1998年、1999年と低下するが、2000年にかけては上昇する。このように1990年代を通じてみると、利益率と剰余労働量／投下労働量の比率は、同方向へと動いている。しかし方向としては同一であっても、水準の変動という点では差が存在している。利益率については1993年度、1998年度の水準が底となり、それ以下へは低下していない。しかし剰余労働量／投下労働量比率については、2回の反転はありつつも、水準としては1990年代を通じて低下を続けた。長期停滞期に入ったとはいえ、企業の利益率は底があったのに対して、剰余労働量／投下労働量については下がり続けたという大きな違いがある。企業に限らず人々にとっての景気

に対する意識のうえでは利益率が影響を及ぼすと思われるが、利益率の下げ止まりという、景気の悪化が下げ止まるようにみえた事態の裏側で、潜在的な発展の可能性という意味においては悪化していたということになる。

　最後に 2000 年代である。2001 年度は 2000 年度と比較して利益率が低下したが、それ以降、利益率は回復へと向かう。2002 年 1 月に谷をむかえ、2008 年 2 月の山にいたるまで 73 ヶ月の拡張期を有した第 14 循環の間、利益率は改善をつづけた。結果として 2005 年度から 2007 年度にかけての三つ目のピークに到達する。この期間における剰余労働量／投下労働量の比率をみると、2002 年を底として、2005 年にいたるまでは上昇している。しかし 2005 年以降は、2006 年、2007 年と横ばいとなった。このように利益率の観点からするとピークを形成した時点[8]が、剰余労働量／投下労働量の比率という社会的発展の潜在的な可能性という視点からは、それ以上の改善がみられなくなった期間に対応する。まとめると、2000 年代の景気回復は本章の問題意識からは 2 つに区分される。一つは 2000 年代前半の、利益率が改善するとともに剰余労働量／投下労働量の比率も上昇した時期、他方は、2005 年から 2006 年にかけての利益率はピークに達したものの、剰余労働量／投下労働量のそれ以上の上昇がなくなり、社会の潜在的な発展可能性という点からは改善がみられなくなった時期である。

　以上述べたことをまとめて、景気循環は、好況期に資本主義の歴史的役割を果たさなくなり、不況期にはその逆となる性質を持つ、という仮説の妥当性を検証すると次のようになる。1975 年から 1991 年まで、つまりバブルの崩壊にいたるまでは、利益率の動向と、剰余労働量／投下労働量の動向が逆行する傾向にある。これは本章の最初に述べた仮説が、この期間においては成立していたことを意味する。しかしこのことはバブル崩壊以

8　2005 年 11 月に消費者物価指数が前年比でプラスに、内閣府の景気判断が留保なしの「景気は回復している」となったのが、2006 年 2 月以降、GDP ギャップがプラスに転じたのが 2006 年第 4 四半期、生産設備 DI でみて企業の設備過剰感が消滅したのも、2006 年である。このように利益率以外の観点からみても、2005 年から 2007 年は景気回復が本格化したと判断される時期であった。

降にはあてはまらなくなった。1992 年以降は、利益率の動向と剰余労働量／投下労働量の動向は、同方向へと動く傾向を持つようになった。ただし水準については異なっており、利益率は下げ止まるものの、剰余労働量／投下労働量の比率は低下を続けた。この時期には利益率を改善させるための方策は、剰余労働量の比率を高めることにはつながっていなかったといえる。また 2005 年度から 2007 年度にかけての、利益率の点からみたバブル以降のピーク期間においては、剰余労働量／投下労働量の上昇は停滞した。この期間においては仮説がそのまま成立してはいないが、好況の最終局面において、剰余労働量／投下労働量の増大が停滞したという点については仮説と一致している。

V　バブル景気と長期拡張期における停滞メカニズムの違い

　前節の分析では、利益率の点からみてピークとなる期間に、剰余労働量／投下労働量の上昇がなくなる、つまり社会の潜在的な発展可能性がそれ以上増加しなくなるという事態が、1985 年度から 1990 年度（以下バブル期とよぶ）にかけてと、2005 年度から 2007 年度（以下長期拡張期とよぶ）にかけて、ともに生じていたということをみた。しかしながら、その深刻さの度合いには両期間で差が存在する。

　本章では指標として剰余労働量／投下労働量としたが、剰余労働量＝投下労働時間－「式 (4) で計算される必要労働量」であることをふまえれば、剰余労働量／投下労働量＝ 1 －（必要労働量／投下労働量）となる。つまり、投下労働量および必要労働量の、それぞれの変化率によって剰余労働量／投下労働量の変化の方向が決まることとなる。剰余労働量／投下労働量が一定であるということは、投下労働量の変化率と、必要労働量の変化率が一致しているということになる。また必要労働量は本章では、家計最終消費額と直接・間接の労働量の積によって計算されている。社会の潜在的な発展可能性がそれ以上増加しなくなるという事態が生じたそれぞれの期間について、投下労働量の変化率および家計最終消費総額の変化という点からそのメカニズムをみる。

　それぞれについて変化率でまとめたものが表1および表2である。バブル期についてのものが表1であるが、これをみると家計最終消費額の変化率が労働時間の変化率よりも、基本的に桁が1つ大きいことがわかる。そのため、動向に大きな影響を与えているものは、家計最終消費額の変化といえる。投下労働量よりも大きい率で増加する家計最終消費額にあわせて、単位あたりの価値が低下したために、必要労働量／投下労働量の比率はほぼ一定となったのである。

表1　家計最終消費および投下労働量変化率　1985年から1991年

	1985-1986	1986-1987	1987-1988	1988-1989	1989-1990	1990-1991	期間の平均
家計最終消費変化率	0.0234	0.0389	0.0432	0.0439	0.0568	0.0248	0.0385
投下労働量変化率	0.0064	0.0038	0.0134	0.0046	0.0079	-0.0008	0.0059

注) 変化率は、(t+1年の値 − t年の値) ／ t年の値によって計算した。

表2　家計最終消費および投下労働量変化率　2005年から2007年

	2005-2006	2006-2007	期間の平均
家計最終消費変化率	0.0179	0.0253	0.0216
投下労働量変化率	0.0073	0.0015	0.0044

注) 変化率は、(t+1年の値 − t年の値) ／ t年の値によって計算した。

　次に長期拡張期である。こちらでも家計最終消費額変化率および投下労働量変化率ともにプラスの値をとるが、バブル期にかけてと比較すると平均して低い。そのポイントの低下幅は、家計最終消費変化率のほうが一桁大きい。これをみると、この期間においては、バブル期と比較して家計最終消費額の上昇が低くなった一方で、労働投入量の上昇は、家計最終消費額と比較して相対的に高い水準を保っていたといえる。これが意味するところは、バブル期と比較して、価値の低下速度、いいかえると労働生産性の上昇速度が減退したということである。剰余労働量／投下労働量の比率の上昇が、好景気のピークで停滞したという意味ではバブル期と長期拡張期で同一であるが、その背後にかくされた労働生産性の上昇速度が低下したという意味での深刻さの度合いは、長期拡張期のほうが深まったといえる。

まとめ

　本章では、置塩信雄が述べた資本の技術選択に関する問題意識をベースとして、社会の発展の潜在的可能性を増加させるという意味での資本主義の歴史的役割が、好況期においては果たされなくなり、不況期にはその逆となる性質を持つという仮説を、1973年から2012年の日本経済のデータを基として検討した。本章の分析で明らかとなったのは次の点である。1970年代中盤から1991年のバブル崩壊に至る期間では、利潤率の動向と、剰余労働量／投下労働量の比率の動向は、逆の方向へと動く傾向があった。これは本章の仮説が成立していたことを示す。1992年以降の長期停滞期においては、それまでにみられたこの傾向が消え、利潤率の動向と、剰余労働量／投下労働量の比率の動きの方向性が一致する傾向が表れた。ただし、好況の頂点付近にいたると、利益率の高さが剰余労働量／投下労働量の上昇につながらなくなるという点については、バブル経済期と同様であった。またこの上昇の停止は、その背後に労働生産性の上昇の停滞があるという点で、2005年から2007年にかけて生じた停滞のほうが、より深刻な内容を持つものである。この期間では、本章の仮説はそのままの形では成立しない。しかし好況期の最終局面においては、好況期において資本主義がその歴史的役割を果たさなくなるという点については成立していた。

　まとめると、本章が仮説の検討として用いた期間を通じて、仮説は1991年まではそのままの形で成立し、1990年代以降では、そのままの形では成立しないが、好況期の最終局面において歴史的役割を果たさなくなるという点については、この時期においても成立していたということになる。

　好況期が矛盾の累積過程である、という点は、マルクス派の中で伝統的に主張されてきたことであるが[9]、本章で検討した、好況期の最終局面においては資本主義がその歴史的役割を果たさなくなるという点は、利潤を追求するという資本主義それ自体の性質から、技術選択という経路を通じて

9　マルクス派の恐慌論および景気循環論に関しては、全ての立場をカバーしてはいないものの、冨塚・吉原編（1997, 1998）が包括的である。

導かれる矛盾の一形態である。

参考文献

泉弘志（1992）『剰余価値率の実証研究：労働価値計算による日本・アメリカ・韓国経済の分析』法律文化社

――（2014）『投下労働量計算と基本経済指標―新しい経済統計学の探求』大月書店

置塩信雄（1957）『再生産の理論』創文社

――（1963）「『利潤率傾向低下法則』について」『国民経済雑誌』第 107 巻 5 号、22-48 頁

――（1976）『蓄積論』筑摩書房

――（1983）『資本制経済の基礎理論　増補版』創文社

小西一雄（2014）『資本主義の成熟と転換―現代の信用と恐慌』桜井書店

冨塚良三・吉原泰助編（1997）『資本論体系第 9 巻― 1　恐慌・産業循環論の体系』有斐閣

冨塚良三・吉原泰助編（1998）『資本論体系第 9 巻― 2　恐慌・産業循環論の形成と展開』有斐閣

森本壮亮（2015）「利潤率の傾向的低下と日本経済―置塩定理を中心にして―」『桃山学院大学経済経営論集』第 57 巻第 3 号、237-269 頁。

Okishio, Nobuo (1961), "Technical Change and the Rate of Profit", *Kobe University Economic Review,* No.7, pp.85-99.

第三部

日本経済の構造変化と金融化

第9章　置塩型利潤率の動向からみる日本経済の構造変化

はじめに

　本書ではここまで、投下労働量の変化や「資本主義の歴史的役割」、労働の社会的配分という点に注目して分析を行ってきた。これらが具体的にどのような形態をとるかについては、それぞれの社会における特質に依存する。現代の日本において、それは利潤を目的とする資本の生産活動を媒介として実現することになるが、実際の生産活動がどのようになされるかについては資本と労働の関係性が重要となる。労働側の力が強いのであれば賃金の上昇を通じて現在の消費財に配分される労働の社会的配分が大となる可能性があり、資本側が強いのであれば剰余労働となる部分が大となる可能性が高い。

　このような資本と労働間の力関係は、労働の社会的配分として直接出現するわけではない。それは労働者がおかれる様々な具体的状況として出現することになる。現代の日本においては旧来存在した「日本的経営」の崩壊、非正規雇用の増加、労働分配率の低下などの現実が存在しているが、このことは労働と資本の関係性に過去の日本経済と比較して何らかの変化が生じたことを示している。本章においてはこのような問題意識のもと、置塩型の一般的利潤率を計算することにより、現代の日本において労働と資本の関係性に生じた変化とその原因を実証面から検討するものである[1]。

　その方法は次のようなものである。第Ⅰ節において本章で置塩型利潤率

1　本章における分析は供給サイドからのものであり、需要サイドからの分析は行っていない。置塩の経済学にとっては資本家の投資需要など需要サイドの分析も重要な要因であるが、需要側の要因については本稿で言及を行っていない。

と呼ぶものについて説明を行うが、その利潤率は技術係数部分、および名目賃金部分の和によって構成された行列の固有値の逆数として計算される。そのため、名目賃金を過去の水準に固定したまま、技術のみが新しいものに変化した場合に置塩型利潤率はどうなるかを計算することが可能である。このようにして計算された利潤率と、新しい技術および新しい名目賃金水準のもとで計算された利潤率とを比較することによって、名目賃金の変化が利潤率の水準にどれだけの影響を与えているかについて導かれる。本章ではこれに注目することで労働と資本の関係性についての分析を行う。

　本章では昭和60年（1985年）から平成17年（2005年）の日本経済を実証分析の対象としているが、それはこの期間の前半期、平成7年（1995年）[2]ごろまではいわゆる日本的経営が残存していたが、それ以降の期間において決定的な変質を迎えたと考えたためである。また平成12年（2000年）以降に生じた小泉構造改革が労働と資本の関係性に影響を与えたと考えたからでもある。この期間における利潤率の変化、およびその変化に名目賃金がどのように影響しているかを上に述べた方法によって検討することによって、この期間における労働と資本の関係性にどのような変化が生じたかを分析する。

　本章は次のように構成されている。第Ⅰ節では、本章での置塩型利潤率の定義およびその計算方法について説明を行う。第Ⅱ節では計算に使用するデータをどのように構成したかについての説明を行う。第Ⅲ節では計算結果をもとにして、利潤率の変動に賃金支払いの変動がどのように影響を与えているかを分析することで、資本と労働の間の関係性を検討する。最後に本章のまとめを与える。

2　1995年に当時の日経連によって、「新時代の『日本的経営』」が発表されている。この報告は雇用のあり方を3形態に分類したうえで、それまでの「日本的経営」の特徴とされてきた終身雇用については、その適用を正社員の一部に限定することを提案した。これは資本の側からの旧来の「日本的経営」の放棄の必要性の宣言であった。しかし逆に言えば、そのような宣言を行わねばならないほどに、この時点までは「日本的経営」が存在していたのである。

I　置塩型利潤率についての説明

本章において置塩型利潤率と呼ぶものは、次の形で定義されたものである[3]。

$$p_i = (1 + r)\left(\sum a_{ij}p_j + l_i w\right) \tag{1}$$

$$w = \sum b_i p_i \qquad i = 1 \cdots n \tag{2}$$

上の式に含まれる各変数を説明する。p_i は第 i 財の生産価格である。r は一般的利潤率であり、これが本章で置塩型の利潤率と呼ぶものである。a_{ij} は第 i 財の生産 1 単位あたりに必要な第 j 財の量をあらわす中間投入係数であり、l_i は第 i 財 1 単位の生産に直接必要な投下労働量を示す。また w は名目賃金を表しているが、これは (2) 式によって与えられている。(2) 式の中で b_i は名目賃金に含まれる第 i 財の量を示しており、これは所与である。つまり本章では名目賃金は、ある実質賃金財ベクトル（$b_1, b_2, \cdots, b_n$）を所与として、その実質賃金財ベクトルを購入することができる貨幣量として与えられる。この定義のもとで (2) 式を (1) 式に代入し、かつ i=1 …n までをまとめて行列形式で表記すれば次のようになる。

$$\begin{pmatrix} p_1 \\ \vdots \\ p_n \end{pmatrix} = (1 + r)\begin{pmatrix} a_{11} + l_1 b_1 & \cdots & a_{1n} + l_1 b_n \\ \vdots & \ddots & \vdots \\ a_{n1} + l_n b_1 & \cdots & a_{nn} + l_n b_n \end{pmatrix}\begin{pmatrix} p_1 \\ \vdots \\ p_n \end{pmatrix} \tag{3}$$

ここで、

3　以下で説明する置塩型利潤率は、固定資本を含まないもっとも単純な形のものである。置塩型利潤率については、それが「置塩定理」で使用されていることもあり、「置塩定理」を巡る論争の中で理論的に発展した。中谷（1978）、Romer (1979) で固定資本が存在する場合について一般化されている。最近においてのまとめとして板木（2004a, 2004b）がある。また置塩経済学全体についての最近の評価としては森岡（2010）、あるいは『季刊経済理論』第 50 巻第 4 号で組まれた特集を参照されたい。

$$B = \begin{pmatrix} a_{11} + l_1 b_1 & \cdots & a_{1n} + l_1 b_n \\ \vdots & \ddots & \vdots \\ a_{n1} + l_n b_1 & \cdots & a_{nn} + l_n b_n \end{pmatrix} \quad p = \begin{pmatrix} p_1 \\ \vdots \\ p_n \end{pmatrix}$$

と表記すれば、(3) 式は

$$(1 + r)^{-1} p = Bp$$

と表記されることになる。これより、一般的利潤率を求める問題は行列 B に対して固有値を求める問題であることがわかる。行列 B が既約であり非負であれば、ペロン＝フロベニウス定理より、求める一般的利潤率は固有値の中で正であり最大の実数であるものの逆数として計算される。

　ここで行列 B の各要素が意味するところについて説明を加えておく。B の各要素は $a_{ij} + l_i b_j$ からなっている。l_i は第 i 財 1 単位生産に必要な労働量であり、b_j は労働 1 単位あたりに支払われる実質賃金財ベクトルに含まれる第 j 財の量である。そのため $l_i b_j$ は第 i 財の生産 1 単位あたりに、賃金という形で間接的に必要な第 j 財の量を意味することとなり、$a_{ij} + l_i b_j$ は第 i 財の生産 1 単位に直接、間接に必要な第 j 財の量を表すものとなる。これは広義の投入係数と見なすことが可能である。

　ここで置塩型利潤率は何を意味しているかについても簡単に触れておく。置塩型利潤率は資本主義経済の、均斉成長経路上における全部門で同一の成長率に対応している。それは現実経済の利潤率に対応してはいないが、当該社会の構造を所与として達成可能な、順調な拡大再生産の成長率を与えている。またこの均斉成長解をベースとすれば、技術や賃金の変化が利潤率に与える影響の比較静学分析が可能であり、「置塩定理」は上述の形で計算された利潤率をもとにしている[4]。「置塩定理」は「マルクス・ルネサンス」の中で論争の対象となったが、その過程で労働と資本の関係性を巡る問題へと結びつくこととなった。また現在においても欧米マルクス派では置塩定理が一つの論点としてあり続けている。このことが本章で資本

[4]　詳しくは森岡（2010）92 頁のⅢ - 2「賃金と利潤」の説明を参照。

と労働の関係性を分析するにあたって置塩型利潤率を使用した理由である。

　以下では、置塩型利潤率を計算することを行っていく。そのためには行列 B の固有値を求める必要があるが、それを行うには行列 B の各要素をいかに現実のデータから構成するかということが問題となる。次節においてはそのことを説明する。

　なお、このような形で定義された行列に基づいて一般的利潤率を計算することは Wolff (1974) で行われており、本章もそれに着想を得たものである。そのため本章は、その論文の一部で行われたことを現在の日本に展開したものといえるだろう。ただし Wolff (1974) ではこの一般的利潤率を置塩型と呼称してはいない。

II　行列 B に含まれる各変数と現実のデータの対応

　本節では上記の B 行列に含まれる各変数、a_{ij}, l_i, b_j と現実のデータの対応に関して説明を行う。現実のデータとの対応を決定するためには、剰余価値率についてではあるが、本章で採用した手法と同一の立場に立っていると思われる泉（1992）を参考にした。

　a_{ij} に関しては産業連関表の中間投入係数を使用した[5]。ただし中間投入係数を泉（1992）にならって資本減耗分の影響を加えて計算し直している。これはマルクス経済学においては資本減耗分も価値移転したものと見なして投入に加えることが適切だからである。なおこの点は投下労働量を計算した場合と異なっているが、それは本章での計算対象が価格次元にあるからであり、投下労働量の計算は使用価値次元をとらえるために行ったものであるという違いにある。産業部門毎に資本減耗分の総額は存在するものの、その資本減耗分の中で、どの量がどの財の資本減耗分に対応するのかを知ることはできない。そのため泉（1992）にならって以下の方法を使

5　産業連関表における中間投入係数は、第 i 行第 j 列が i 部門から j 部門への投入を表す。そのため行列としては、本稿で使用した B 行列は産業連関表の投入係数行列を転置したものとなっている。

用した。

　産業連関表の付帯表より各産業部門の固定資本形成量が得られる。ある年度において部門 i が部門 j の財を固定資本として形成した額を k_{ij} と表記する。k_{ij} をすべての j について足し合わせれば、部門 i の固定資本形成総額である $K_i = \sum_{j=1}^{n} k_{ij}$ がえられる。この Ki で k_{ij} を割ったものを f_{ij} とする。f_{ij} は部門 i の固定資本形成の中に占める財 j の比率を表すものである。この比率に応じて、ある部門の資本減耗額を中間投入額に加算する。そのうえで当該部門の生産額で除したものを資本減耗分の影響を考慮にいれた中間投入係数として計算で使用した。仮想的な２部門経済でこの手順を示したものが**表1**である。

表1　資本減耗分を考慮した中間投入係数の計算例

	部門1の投入額	部門1固定資本形成額（k_{1j}）	部門1の資本減耗配分（f_{1j}×資本減耗）	資本減耗加算後中間投入量	資本減耗加算後中間投入係数
部門1	500	40	200	700	0.14
部門2	1000	60	300	1300	0.26
資本減耗	500				
国内生産額	5000			5000	

注）単位は円

　表1において部門1の投入額とかかれた列は、部門1が生産において部門1の財を500円分投入し、部門2の財を1000円分投入したことを意味する。また資本減耗は500円であった[6]。部門1の本年度の国内生産額は5000円であったとする[7]。また部門1は固定資本として財1を40円分、財2を60円分、計100円分形成したとする。先の記号で言えば $k_{11}=40$ であり、$k_{12}=60$, $K_1=100$ である。これによって $f_{11}=0.4$, $f_{12}=0.6$ と計算される。この比率にしたがって資本減耗500円を各部門に配分すると、部門1に200円、部門2に300円配分される。その結果、資本減耗を考慮した中

6　産業連関表では資本減耗は付加価値部門にまとめられている。

7　部門1の中間投入額1500円に資本減耗500円を足した分は2000円である。これと国内生産5000円の差額はこの図には示されていないほかの付加価値部門に投入されている。

間投入額は部門 1 が 700 円、部門 2 が 1300 円となる。これを国内生産額 5000 円で除したものが、資本減耗を考慮した中間投入係数と本章で呼ぶ ものであり、この例ではそれぞれ 0.14、0.26 となる。

　労働投入係数については、泉（1992）では剰余価値率を計算するため に各部門の雇用者の労働時間総計を使用しているが、本章ではその方法を 採用していない。その理由は、なるべく同一の基準によって作成された資 料の中だけで計算を完結させたかったためである。

　以下、本章で使用した方法について説明を行う。本章では、すべての家 計は同一の消費財バスケットを有していると仮定し、産業連関表に記載の 民間消費支出を利用して、家計が各財に所得の中のどれだけの比率を支出 しているかの割合を計算した。次にその比率に応じて、産業連関表の各列 部門の雇用者報酬の値を分割し、産業連関表の各行部門に配分した。この ことは、雇用者報酬はすべて消費に回るということを意味している。また 本質的には先に説明した資本減耗額の配分と同一の方法である。

　この手法は仮想の 3 部門経済を例とすると次のようになる。民間消費 支出ベクトルが、（50 円、150 円、300 円）であったとする。民間消費支 出総額は 500 円となるので、これで民間消費支出ベクトルを除して（0.1、 0.3、0.6）という数字が得られる。この値を家計の消費財バスケットの 構成比であるとして採用する。第 1 部門の雇用者報酬が 100 円だとする。 先に計算した消費財バスケットの構成比を利用して（10 円、30 円、60 円）がそれぞれの産業連関表の行部門に割り当てられる。つまり第 1 部門 から第 1 部門へ家計を経由して間接的に投入された額は 10 円であり、第 2 部門から第 1 部門へ家計を経由して間接的に投入された額は 30 円、第 3 部門についても同様に考えて 60 円となる。本章での記号に直せば l_1b_1 が 10 円、l_1b_2 が 30 円、l_1b_3 が 60 円である。本章ではこのようにして l_ib_j 部分について構成を行ったが、注意すべき点がある。この方法では l_ib_j を 一つのまとまりとして計算しており、l_i、b_j のそれぞれに分割することは できない。そのため本章での分析は置塩の定義した実質賃金変動の影響の 分析ではなく、名目賃金支払い総額の変動による利潤率への影響の分析と なる。ただし資本と労働の関係性の変化に対して分析を行うという目的に

とっては、名目賃金支払い総額に注目するということも意味のあることであろう。以下で単に賃金とするときは名目賃金を意味している。

　ここまでは行列 B を構成する諸要素をどのように現存する統計カテゴリーと対置させるかという問題をとりあつかった。これらを完了した後に最後に決定すべき事柄として、実証においてどの部門を使用するかということがある。

　理論的に述べるのであれば、一般的利潤率はより高い利潤率を求めての資本の部門移動によって形成されるものであるため、(1) 資本主義的経営がなされていること、(2) 利潤を求めての生産が行われていること、の 2 点が、一般的利潤率の形成に参加するために必要である。このことを考えれば産業連関表内において示される部門においても、賛否はあろうが「農林水産業」部門は除外され、また医療あるいは教育などの公的部門も除外されるべきである。しかしながら、本章の分析で使用する置塩型利潤率は社会全体の潜在成長率の指標である[8]。そのため本章においては全部門を含める形での計算を行った。

　以上で述べたように、B 行列については産業連関表を使用することになるが、産業連関表は時期によって部門分類が異なっている。そのため可能な限り同一の基準に基づいて構成された産業連関表に基づいて計算することが望ましい。そのような考えから、昭和 60 年—平成 2 年—平成 7 年接続産業連関表および平成 7 年—平成 12 年—平成 17 年接続産業連関表を使用することとした。ただし、接続産業連関表では固定資本形成マトリックスが提供されていない。そのためそれらのデータに関しては各年度の産業連関表付帯の固定資本形成マトリックスを使用した。これは歪みをもたらすと考えられるが、いずれにせよ本章で採用した減価償却分の配分方法は固定資本形成を利用した代替的なものであるので、第一次接近としてその方法を使用した。また昭和 60 年—平成 2 年—平成 7 年接続産業連関表においては 32 部門で、平成 7 年—平成 12 年—平成 17 年接続産業連関表

8　置塩型利潤率はマルクスのオリジナルの一般的利潤率とは異なっている。この点に関しては Wolff (1974) で説明されている。

については 34 部門で計算を行っている。これは産業連関表においては粗い部門分割となるが、それを使用した理由は理論的なものではなく、計算上の問題である。昭和 60 年—平成 2 年—平成 7 年接続表において公表されているものは 32 部門表の次は 184 部門表という分割となる。ここまで細かい分割となると成分に 0、あるいは負となるものが多く含まれる。これは計算上の困難[9]をもたらした。そのため 32 部門表を採用している。平成 7 年—平成 12 年—平成 17 年接続表で 34 部門表を採用した理由も同様である。

Ⅲ　利潤率に関する計算結果および資本と労働の関係性の分析

　計算を行った結果として導かれた値を以下の表2、表3において示す。それぞれ、昭和 60 年—平成 2 年—平成 7 年接続産業連関表および平成 7 年—平成 12 年—平成 17 年接続産業連関表に対応したものである。この2つの表においては部門分類が異なっているため値の直接的比較を行うことはできないが、傾向を把握することは可能である。

　まず、表2、表3の見方に関して説明を行いたい。各表の行は各年の賃金支払い、本章の記号では $l_i b_j$ 部分がどの年の値を使用しているかに対応し、各列がどの年の a_{ij} を使用しているかに対応している。先の B 行列に関する説明から明らかであるが、B 行列は a_{ij} からなる行列（A 行列と呼ぶ）と $l_i b_j$ からなる行列（L 行列とよぶ）の和からなっている。そのため A 行列の年度と L 行列の年をずらして、仮想的な組み合わせからなる B

9　この困難は次のものである。184 部門表で計算を行った場合、利潤率の計算に使用される最大実固有値に対応した固有ベクトルに、正の符号と負の符号が含まれるという問題が生じた（ペロン＝フロベニウス定理の不成立）。本章の方法では固有ベクトルは生産価格ベクトルを意味するので、負の符号を含むと経済学的に意味を持たなくなる。この問題は 32 部門表では生じなかった。このようなことが生じたのは 184 部門を使用して作成された行列 B が負の成分を含むからである（ペロン＝フロベニウス定理は成分が非負である既約行列に対して成立する）。部門分割が細かな産業連関表は行列の成分に負、あるいは 0 を多く含んでいるが、その結果 B 行列においても負の成文が含まれるようになったことが原因である。

表2　昭和60年から平成7年にかけての利潤率

技術水準 / 賃金水準	S60(1985)	H2(1990)	H7(1995)
S60(1985)	32.52957	38.39744	
H2(1990)		27.99409	21.2685
H7(1995)			15.74972

注）Sは昭和を、Hは平成を意味する。括弧の中の数字は西暦である。単位は％である。

表3　平成7年から平成17年にかけての利潤率

技術水準 / 賃金水準	H7(1995)	H12(2000)	H17(2005)
H7(1995)	17.14968	18.99445	
H12(2000)		19.4234	19.79037
H17(2005)			22.04767

注）Hは平成を意味する。括弧の中の数字は西暦である。単位は％である。

行列をつくることが可能である。以下の説明ではA行列部分を技術水準
とよび、L行列部分を賃金支払い水準とよぶ。具体的な数値で表の見方を
説明すれば、表1のS60の行とS60の列が交わるところに記されている
32.52957という値は昭和60年の技術水準と昭和60年の賃金支払いから
構成されたB行列に基づいて計算された利潤率の値を示している。その
右隣にあるS60の行とH2の列の交わるマスに記されている38.39744と
いう値は、平成2年の技術水準と昭和60年の賃金支払いの組み合わせで
構成されたB行列に基づいて計算された利潤率の値を示している。

　現実の経済がたどった利潤率の動向としては各表の右下がりの対角線
部分に記された値がそれに対応している。昭和60年（1985年）から平
成2年（1990年）および平成7年（1995年）に関しては32.52957％から
27.99409％をへて15.74972％へと単調に低下している。昭和60年はバブ
ル景気突入の直前であり、平成2年はバブルの絶頂期のあたりに位置して
いるが、この時期であっても本章の方法で計算された一般的利潤率は低下
していたことは注目に値する。この原因が何であるかを知るためには表2
のS60の行とH2の列の交わるマスに記されている38.39744％という値
に注目すべきである。この値は賃金支払いが昭和60年水準に固定された
もとで平成2年の技術水準であった場合に達成されたであろう一般的利潤
率の値であるが、この値は昭和60年のものよりも上昇している。つまり

賃金支払いが変化しなければこの時期に一般的利潤率は上昇したであろうことが示されている。このことは、この期間の一般的利潤率低下の要因が賃金支払い総額の上昇であったことを示している。ただしそれは総額の影響であって、一人あたり賃金水準がどうなったかはそれだけではわからない。そこでこの期間における雇用者数の変化、および労働時間の変化を見る。

表4は、この期間における毎年の月平均雇用者数および週延労働時間である。週延労働時間を月平均雇用者数で割れば、雇用者の週あたり労働時間が導出される。それを計算したものが表4の3行目の数字である。その数字をみると、雇用者数は増加を示しているが、週延労働時間も増加している。計算をすると一人あたりの週労働時間で見れば減少傾向となる。このことを踏まえればこの時期の賃金支払い総額の増加は時間あたり賃金の増加を意味している。そのためこの期間における利潤率の低下は賃金支払いの寄与が大であったと結論できる。この期間においては資本と労働のバランスは労働へと傾いていた[10]。

次に平成2年から平成7年への推移である。この期間においては27.99409％から15.74972％に一般的利潤率は低下した。この時期がバブル崩壊であったことを考慮すればこれは妥当な結果である。先と同様に、この期の利潤率低下に対して賃金が果たした役割を見てみよう。それは表1のH2の行とH7の列の交わるマスに記されている21.2685％という数字との比較によって理解される。この数字は平成2年水準に賃金支払い総額が固定されていた場合に、平成7年の技術水準のもとで達成される一般的利潤率である。平成2年における一般的利潤率27.99409％と比較すれば、仮に賃金支払い総額が不変であったとしても、この期間においては一般的利潤率が低下したということが理解される。ただし実際の平成7年の一般的利潤率15.74972％と比較した場合には、より高い数字である。この事実はバブル崩壊にともなうコストを、資本も労働も双方が負担したという

---

[10]　この期間は失業率も2％台であり、1990年には2.1％まで低下していた。完全雇用に近づいており、労働側の交渉力が高まったといえる。

表 4　昭和 60 年から平成 2 年にかけての雇用者数および労働時間

年	昭和 60 年 (1985)	1986	1987	1988	1989	平成 2 年 (1990)
月平均雇用者数 (1)	4312	4379	4428	4538	4678	4835
週延労働時間 (2)	24.75	25.09	25.86	25.88	26.24	26.40
一人あたり 週労働時間 (2)/(1)	57.39	57.30	58.40	57.03	56.09	54.60

出所：労働力調査をもとに筆者作成
注）数値は季節調整済みの値の月平均であり単位は万人。週延労働時間は総労働者の一週間あたりの延べ労働時間であり、単位は億時間である。

ことを示しており、旧来の日本的経営の特徴とされたものに一致している。そのためこの期は労働と資本の関係性は不変であったと言える。

　続いて本章における分析の後半期である平成 7 年（1995 年）から平成 12 年（2000 年）をへて平成 17 年（2005 年）に至る期間の分析に移る。この期間では、それ以前の期とは対照的に、おだやかではあるが一般的利潤率が 17.14967％から 19.4234％をへて 22.04767％と上昇傾向を描いている。この上昇の主要因はなんであったのかに対して完全な説明を与えることは本章の視野を超えているが、賃金が果たした影響という観点からの分析を行うこととする。

　まず平成 7 年から平成 12 年の期間に関しての分析を行う。H7 の行と、H12 の列の交点のマスに記された 18.99445％の値が、賃金支払い総額が平成 7 年水準に固定されており、かつ平成 12 年の技術水準であればどのような一般的利潤率となるかを示す。この値は平成 12 年の実際の利潤率 19.4234％を下回っている。このことは賃金支払い総額が平成 7 年の水準であれば、平成 12 年に達成された一般的利潤率はより低かったことを示している。言い換えると、この期の一般的利潤率の回復は労働に対する支払いを、以前と比較して節約したことにより達成されたということである。ただしこのことは即、労働者の時間当たり賃金を低下させての利潤率回復ということを意味するわけではない。生産性の急激な上昇による総労働時間の減少がこの期間に見られるのであれば、このことは労働生産性の急激な上昇による総支払の節約であり時間あたり賃金の低下ではないからである。また 18.99445％という値は平成 7 年の一般的利潤率 17.14968％を上回っている。このことは、賃金支払い総額が不変であっても以前と比較す

れば利潤率の回復が生じること意味している。つまり一般的利潤率の上昇は、技術水準の改善による部分もあったということを示している。これらのことを前提として、この期において一般的利潤率の回復に賃金が与えた影響を分析する。昭和60年から平成7年の期間の分析で行ったものと同様にして、月平均雇用者数、週延労働時間、一人あたり週労働時間を計算すると、表5のようになる。

表5　平成7年から平成12年にかけての雇用者数および労働時間

年	平成7年 (1995)	1996	1997	1998	1999	平成12年 (2000)
月平均雇用者数 (1)	5263	5322	5391	5367	5330	5355
週延労働時間 (2)	26.25	26.20	26.13	25.82	25.65	25.97
一人あたり 週労働時間 (2)/(1)	49.87	49.23	48.47	48.11	48.12	48.50

出所：労働力調査をもとに筆者作成
注）数値は季節調整済みの値の月平均であり単位は万人。週延労働時間は総労働者の一週間あたりの延べ労働時間であり、単位は億時間である。

　この期間では、雇用者数は増加しているが週延労働時間は低下している。一人あたり週労働時間は49.87時間から48.50時間への減少であり、比率では約2.8％の低下であった。対して一般的利潤率の改善度合いは、賃金水準が平成7年に固定されたと仮定した場合と比較して、平成12年の一般的利潤率は2.25％の改善[11]となっている。本章のように一般的利潤率を固有値という形で計算した場合においては、一人あたり労働時間の2.8％の減少に対応した賃金支払いの低下が一般的利潤率をどの程度改善させるかについて理論的には明確にすることができないが、計算として次のような形で近似的に示すことができる。平成7年の賃金支払い総額を労働時間の減少に対応させ一律2.8％減少させたとしてつくられたL行列と、平成12年の技術水準を使用してB行列を作成し、それについて一般的利潤率を計算するという方法である。計算した結果は20.65545％であった。これは平成12年の実際の一般的利潤率19.4234％を上回っている。このこ

11　平成12年の一般的利潤率を、平成12年の技術と平成7年の賃金支払い水準によって計算された一般的利潤率で除した比率である。

とは賃金支払い総額の節約がこの期間の一般的利潤率の上昇に貢献したことは確かであるが、それは労働時間の減少に対応したものであり、一人当たりの時間当たり賃金の水準は保たれていることを意味している。そのため労働と資本の関係性において労働の側が弱くなってはいないと結論される。

　続いて平成12年から平成17年の期間の分析に移る。この期間では一般的利潤率は19.4234％から22.04767％へと上昇しているが、これまでと同じ方法でこの上昇に労働が果たした影響を分析することとする。H12の行とH17の列が交わるマスに記されているように、平成12年に賃金支払い水準が固定されていた場合、達成されたであろう一般的利潤率は19.79037％である。これは平成12年の一般的利潤率の値19.4234％と比較して多少の上昇である。つまりこの期間では技術水準が一般的利潤率の改善に与えた影響はわずかである。それに対して平成17年の一般的利潤率は22.04767％であるので、この期間における一般的利潤率の改善は労働への支払いの節約による効果が大きいことがわかる。ただし先に述べたように、それは総額なのであって、これだけでは時間当たり賃金の支払いを低下させたかについてはいえない。そこでこれまでと同じように、一人あたり労働時間の変化をみることから始める。

表6　平成12年から平成17年にかけての雇用者数および労働時間

年	平成12年(2000)	2001	2002	2003	2004	平成17年(2005)
月平均雇用者数(1)	5355	5369	5331	5335	5356	5393
週延労働時間(2)	25.97	25.43	25.09	24.93	25.03	24.99
一人あたり週労働時間(2)/(1)	48.50	47.36	47.06	46.73	46.73	46.34

出所：労働力調査をもとに筆者作成
注）数値は季節調整済みの値の月平均であり単位は万人。週延労働時間は総労働者の一週間あたりの延べ労働時間であり、単位は億時間である。

　表6にあるように、この期間においては雇用者数が増加し、それに対して週延労働時間は低下している。ここでも単純に頭割りをすると、48.50時間から46.34時間への低下である。これは4.5％の低下を意味している。

平成7年から平成12年にかけての分析で行ったものと同様にして、平成12年の賃金支払いが一律4.5％低下した場合に平成17年の一般的利潤率はどのようになるかを計算する。計算の結果は21.47031％であった。これは平成17年に実際に達成された一般的利潤率22.04767％を下回っている。つまり労働支払いの節約は一人あたり労働時間の低下で説明される程度を上回ったといえる。加えて、先に述べたようにこの期間においては技術水準の改善が一般的利潤率の改善に与えた影響は大きいとはいえない。これらの事実より、この期間の一般的利潤率の改善はそれ以前の期間とは異なって、時間当たり賃金支払いの低下によって達成されたものと結論される。この点は平成7年から平成12年の期間における一般的利潤率の改善と異なった点である。平成12年においても橋本内閣による行政改革はすでに行われていたが、いわゆる小泉構造改革は未だスタートしていない時期である。対して平成17年は小泉構造改革が実行に移された後の日本となるが、一般的利潤率の改善がいかにしてなされたかの上記の検討によるならば、確かにこの期間に日本は変化したのだといえるだろう。それ以前の期間においては労働への支払いを節約するにせよ、それは労働時間の低下などに見合ったある種「正当」なものであった。それは労働と資本の関係が不変のままであっても実行可能なものである。しかしながらそれ以降においては時間あたり賃金の低下が発生し、それが利潤率回復の要因となったことが以上の検討において示されている。ここに至って労働は資本に対抗しえなくなった。小泉構造改革が何であったかについて述べることは本章の射程を超えたところにあるが、少なくとも資本と労働の関係性という基本的な部分については確かに「改革」がなされたといえる。

まとめ

　本章においては置塩型の一般的利潤率を計算し、その変動について賃金支払いの変化が与えた影響を分析することによって、資本と労働の関係性について検討を行った。分析の期間としては昭和60年（1985年）から平成17年（2005年）とした。この期間を対象とした理由は、この間にいわゆる「日本的経営」に決定的な変化が生じたこと、および小泉構造改革が

重大な影響を労資の関係に与えたと考えたためである。そのため昭和 60
年—平成 2 年—平成 7 年の接続産業連関表および平成 7 年—平成 12 年—
平成 17 年の接続産業連関表をもとにして、それぞれの期間について一般
的利潤率を計算した。そのうえで本章において採用した方法の特性である、
技術水準部分と賃金支払い水準部分を分離することが可能であるというこ
とを利用して、賃金支払いが過去の水準に固定されていたと仮定した場合
に、新しい技術水準を使用すればどのような一般的利潤率が達成できるか
についても計算を行い、この手法で仮想的に計算した一般的利潤率を実際
の一般的利潤率と比較することによって、一般的利潤率の変遷に賃金支払
いが与えた影響を分析した。

　本章での分析によれば昭和 60 年（1985 年）から平成 2 年（1990 年）
のバブル期においては労働への支払いが一般的利潤率を低下させていた。
失業率の低さとあいまって、この期間は、労働が資本に対して交渉力を有
していたといえる。平成 2 年から平成 7 年（1995 年）については仮に賃
金支払い総額が固定されていたとしても一般的利潤率は低下するが、それ
は実際の低下よりは穏やかであったということが示された。この時期はバ
ブル崩壊のコストを労働と資本の双方が分け合っていたといえる。このよ
うな事実は、この時点では成果もコストも労資で分け合うという旧来の日
本的経営が残存していたことを示している。この後に一般的利潤率は回復
へと向かうが、平成 7 年から平成 12 年（2000 年）においても平成 12 年
から平成 17 年（2005 年）においても、その改善に労働支払いの節約は貢
献した。しかしその節約の性質は両期間において異なっている。平成 7 年
から平成 12 年の間では、労働への支払いの節約は一人あたり労働時間の
低下に対応している。これは労働と資本の関係性が過去と不変のままで
あってもなしうる節約である。それに対して、平成 12 年から平成 17 年
の期間においては労働支払いの節約は労働時間の低下に対応した以上にな
されており、これが一般的利潤率の改善に貢献している。このことは、こ
の期間において資本と労働の関係性に重大な変化が生じたことを示してい
る。この期に至って資本は労働への支払いを低下させることにためらいが
なくなった。実際、この期間は小泉構造改革が行われた期間でもあり、そ

れの労働と資本の関係性に対する影響が、本章での一般的利潤率の計算に明瞭に反映されている。このことは直観とも適合的であると思われるが、置塩型の一般的利潤率の計算によって裏付けを与えることができたことは、置塩型利潤率の有用性も示している。

付論　「置塩定理」の妥当性に関して

　本章においては置塩型の一般的利潤率を計算し、その変化に賃金支払いがどのような影響を与えているかをみることを通じて資本と労働の関係性の変化を実証した。そのこととは別に、本章で行われた実証分析は「置塩定理」の妥当性についても意見を与えることが可能である。

　本来の「置塩定理」は、資本家が現在の価格で測った費用を基準として技術選択を行う場合に、実質賃金が一定であれば必ず利潤率は上昇するというものである。本章では賃金支払いを過去の水準に固定した場合に、新技術のもとでは置塩型の一般的利潤率はどのように変化するかについて計算を行っている。賃金支払いの大きさを示す $l_i b_j$ 部分は、消費財バスケットで定義される置塩の実質賃金とは異なっており、また新技術の採用に関してもその採用基準については何らの仮定もおいていない。このような違いはあるが、「置塩定理」に対して実証の観点からある程度の意見を与えることはできると思われるので以下でまとめることとする。

　表2、表3において示されているように、賃金支払いが過去の水準に固定された場合に新技術は一般的利潤率を増加させるということが、平成2年から平成7年の期間を除いては成立している。この期間においても、実際に生じた一般的利潤率と比較すれば、賃金支払いを過去の水準に固定した場合では一般的利潤率は上昇する。このように消極的な意味あいであるならばこの期間においても成立している。

　「置塩定理」の妥当性に関しては主に理論面からの検討がなされてきたが、実質賃金を過去の水準に固定することや、技術選択が費用基準でなされることなどの仮定が付与されているために「置塩定理」それ自体の実証

分析は乏しいように思われる[12]。本章でなされたものも上で述べたように完全に置塩自身のものと一致するわけではないが、$l_j b_j$ 部分をいかにデータと対応させるかを検討することで、より置塩自身が提出した本来の置塩定理の実証とつなげることが可能となるであろう。

参考文献

泉弘志（1992）『剰余価値率の実証研究：労働価値計算による日本・アメリカ・韓国経済の分析』法律文化社

板木雅彦（2004a）「利潤率の長期低落傾向と置塩定理の展開（上）」『立命館国際研究』第 17 巻第 1 号、1 - 17 頁

―――（2004b）「利潤率の長期低落傾向と置塩定理の展開（下）」『立命館国際研究』第 17 巻第 2 号、23 - 47 頁

中谷武（1978）「利潤率・実質賃金率・技術変化 - 固定設備を考慮して」『経済研究』第 29 巻第 1 号、72 - 77 頁

二宮厚美（2009）『新自由主義の破局と決着』新日本出版

松橋透（1994）「『収益性危機』と『利潤率の傾向的低下法則』―マルクス・ルネサンスにおける『法則』の論証と実証をめぐる論争」『資本論体系5　利潤・生産価格』515 - 529 頁

森岡真史（2010）「置塩経済学の理論と方法― 一つの批判的評価」『季刊経済理論』第 47 巻第 2 号、89 - 100 頁

Okishio, Nobuo (1961) "Technical Change and the Rate of Profit," *Kobe University Economic Review, vol. 7.*

Roemer, E. John (1979) "Continuing Controversy on the Falling Rate of Profit: Fixed Capital and Other Issues," *Cambridge Journal of Economics,* Vol.3, No.4, pp.379-398.

Wolff, N. Edward (1974) "The Rate of Surplus Value, the Organic Composition, and the General Rate of Profit in the U.S. Economy, 1947-67", *American Economic Review,* vol. 69, No.3, pp. 329-341.

12　利潤率の低下におよぼす賃金支払いの影響を見るという意味での実証分析であれば、マルクス・ルネサンス期の論争のなかにおいてもなされており、また一般的利潤率の傾向についても実証による分析は行われている。ただしそれらの分析は利潤率の定義が多様であるため、相互に比較することも困難である。ここでいう実証分析が乏しいという意味は、置塩自身の定義とモデルに基づいて実証分析を行ったものが乏しいという意味である。

第10章　利益率の多様化に見る日本経済の断片化

はじめに

　現代の日本経済は長期におよぶ停滞に直面しているが、その理由として、日本経済が成長していた時代に存在していた資本と労働の関係性が崩壊し、それが現代の日本における経済活動の停滞を引き起こしているという議論が存在している[1]。前章では、置塩型利潤率という観点からそれを検討した。

　どのような社会であれ、社会が安定的に再生産されるためには2つの条件が必要である。一つは物質的な再生産が安定してなされることである。この条件が満たされない場合、そもそも社会は持続していくことができない[2]。もう一つは社会における個々人の関係性が安定していることである。人間社会においては、個々人は孤立して行動しているのではなく、他者との一定の関係性を取り結んだうえで各種の活動を行っている。これが不安定化する場合、社会は不安定化せざるを得ない。また前者と後者は無関係ではない。物質的な再生産が不安定化するならば、旧来の物資的な条件に基づいて取り結ばれていた個々人の関係性も不安定化せざるをえない。そして個々人の関係性が不安定化するのであれば、それによって物資的な

1　この種の議論には複数の立場からのものがあるが、本章ではレギュラシオン学派に分類されるセバスチャン（2015）の議論を特に参照している。その議論は、企業の実績や組織編制の不均質性が増加したため、1980年代までのような日本企業モデルを論じることはできないということ、経済主体の間を調整していた旧来の方式（下請け、系列、春闘、政策主導の）の衰退、不平等の拡大により戦後において存在した各主体の間での妥協（社会的和解）が機能不全に陥ったというものである。

2　この条件についての検討を行うということが置塩（1957）のモチベーションであった。

再生産関係もまた不安定化せざるを得ないことになる[3]。本書ではここまで、価値という観点から物質的な再生産過程について捉えることを試みてきた。本章では、特に上部構造に焦点をあて、現在の日本経済について考えることとする。

　資本主義社会を構成するもっとも基本的な関係性は、資本と労働の関係性である。生産手段を有しない労働者は、資本に雇用されることによってのみ賃金を獲得し、消費財を入手する手段を得ることができる。たとえ搾取が存在しているとしても十分な生活手段を入手することができる限り、労働者も資本のために働くことに同意する。また資本はそれによって安定的に利潤を獲得することが可能となる。これは一般的な関係性であり、その具体的な形態は各国また各時代によって様々である。しかし具体的にどのような形であるにせよ、資本と労働の間に少なくとも一定期間の間は安定的な関係性が構築されていなければならない。レギュラシオン学派の議論では、第二次世界大戦後から1970年代におけるまでの間、資本主義が安定的に成長をとげることができた「黄金時代」においては、フォーディズム型と呼ばれる関係が成立しており、これが成長に寄与していたとする。

　日本において、経済が安定した成長をとげていた時代にどのような社会システムが成立していたかについては、学派によってその呼称は異なるが、基本的には企業における労働と資本の安定した関係性が特徴であったとされる。それを中心として社会体制がつくられており、「企業中心社会」といった呼び方もされている。その関係性が崩れ、新しい社会体制を生み出すことができていないということが、日本経済の停滞を理解する一つの鍵となる。

　本章では第一に、戦後からバブル経済までの日本においてはどのような社会が作り上げられたといえるかについて述べ、その中心は安定した資本と労働の関係性にあったこと、そしてそのためには、資本の間においても

3　土台と上部構造の用語でいうならば、土台の不安定化は、それに対応して存在していた上部構造の不安定化を招く。この上部構造の不安定化は土台の不安定化をさらに増幅するという形で不安定性の増幅過程が存在する。

一定の同質性が達成されていることが重要であったことを述べる。第Ⅱ節では 1990 年代に入ると資本の間において多様性が増大していき、以前に達成された均質傾向が消滅することになり、それが資本と労働の間の安定した関係性を崩壊させていったということを述べる。第Ⅲ節においては資本金の規模別でみた利益率の差をみることによって、また第Ⅳ節では製造業に限定したデータではあるが、産業別での利益率のばらつきを検討し、資本の内部における多様性の増大をみる。最後はまとめである。

Ⅰ　旧来の日本経済システム

　バブル経済期までの高成長から安定成長を達成していた日本は、どのようなシステムを持っていたのかについて本節で簡単に述べる。このシステムをどのように形容するかは、これを取り扱った学派、あるいは筆者によって異なっているが[4]、指摘されている特徴には類似するものがある。一つ目は企業と労働の安定した関係性である。これは長期雇用制度、それを前提とした年功序列賃金、企業が提供する各種の厚生制度、およびその対価として労働側は企業の要求に柔軟に、ときには全人格的従属とさえ言われるほどに応えるという要素を持った関係性であった。またこの関係性は全労働者に対してではなく、基本的には大卒以上の男性労働者に提供されていたものであった。このような企業と労働の関係性は単独で存在しうるものではなく、それと補完的な関係にある制度が必要となる。一つは企業の資金調達面である。金融市場における貸し手との短期的な、あるいは無人格的な関係に基づいた調達ではなく、限られた銀行との間で継続的な関係性を取り結ぶことで資金調達をしていたという点が先の労使関係を支える制度であった。資金調達面におけるこのような関係は、短期的な利益を

---

[4]　日本経済が好調であったことにより、1980 年代までには多くの日本資本主義研究が出現することになった。ゲーム理論を応用した青木昌彦の比較制度分析の立場からのもの、レギュラシオン学派、あるいはマルクス派に代表される左派からの批判的な日本資本主義分析などその範囲は幅広いものがあった。これに関する最近のまとめとして、セバスチャン（2015）の第 1 章を参照。

追求することへの圧力から企業を解放し、長期的な視野に立つ企業の成長戦略をとりやすくしたといわれる。このことが人的資本の蓄積の在り方という点において、企業特殊的なスキルを長期にわたって蓄積するという方式を選好することを可能とし、長期雇用および年功序列賃金制度が給与体系として打ち立てられることとなった。これは企業間における制度であるが、このほかに性別役割分担という生活面における制度も不可欠であった。労働者が生きていくためには仕事のみではなく、日々の生活を行っていくことが不可欠である。男性労働者が企業活動に没入するためには、それ以外の生活面をすべて担当する存在が必要となる。その役目は男性労働者の配偶者である女性が主として担うこととなり、必然的に子育て、また介護などは女性の仕事とみなされることとなった。このような性別役割分業が可能であるためには、男性労働者の給与水準が、家計が必要とする多くの部分をカバーすることができ、かつ長期的に安定して雇用されていることが期待されなければならなかった。性別役割分担と男性労働者の企業への全人格的従属は、お互いがお互いを補完しあっているという関係にあった。

　また一部の労働者に安定した雇用を提供することは、人件費の一部が固定されてしまうことを意味する。そのため、それ以外の労働者が雇用の調整弁として使用可能であることによって、人件費総額の柔軟性を保つことが必要となる。このような調整弁として利用されてきたのは、一つは女性労働者である。先に性別役割分担の存在を述べたが、子育てがひと段落した段階で家計補助的な労働に出る女性は多く存在した[5]。この層は先に述べた性別役割分担の存在ゆえにその労働の必要性は家計補助的であり、そのため雇用の調整弁として解雇、あるいは労働時間の削減を行ったとしても社会的な問題とはなりづらいという利点も存在していた。もう一つは中小企業層の労働者である。日本においては後に述べるように、労働市場の二重構造が特に 1950 年代に指摘されていた。それは大企業と中小企業の生

5　これによりいわゆる「M字カーブ」が形成された。ただし女性の場合は労働力に復帰したといっても、パートなどの非正規形態が主であり、若年時代の労働形態に復帰しているわけではなかった。

産性の格差と、それに対応した賃金の格差であった。また下請け構造に包摂される場合、中小企業層は企業それ自体として大企業の生産の調整弁となる。その結果、必然的にそこに勤める労働者も調整弁となったのである。ただし後者の二重構造については、徐々に解消されていくこととなる[6]。

　このような各種の制度がお互いに補完する形をとりながら、一つの社会システムが構成され、その中核には資本と労働の安定的な関係性が存在していたのである。

　しかし社会全体でみると、雇用関係に入っていない層も多数存在している。また企業の立地には偏りがあるため、地域差も生じやすい。ある社会システムが安定するためには、そのような、そもそも資本賃労働関係に入っていない層についてもシステムの中に包摂しなければならない。そのためにはそのような層に対してもこのシステムが利益を提供しなければならない。ではこのような層に対してどのように利益を誘導していくのか。日本ではそれは特定の地域、産業への政治的利益誘導という形で主として行われた。日本における地域開発は、その多くが産業基盤整備という形をとり、コンビナートあるいはテクノポリス、高速道路整備、新幹線の整備、原発立地、またバブル期にはリゾート整備という形で、資本の活動基盤の整備をするという形で間接的に、あるいは投資需要を生み出すことでより直接的に利益に貢献する、といった形でなされた[7]。この政策によって広い層に利益を誘導することで、資本賃労働関係に包摂されない層からの、このシステムへの賛同を獲得した。また企業の側からすると、労働者への利益分配は勤労意欲の増加などで直接の見返りが期待できるが、それ以外の層への利益配分は直接的な利益を企業にもたらしづらいという根本的な問題がある。しかし産業基盤整備による地方への利益誘導は企業にとっても

6　これが実現されなければ、大企業の正規雇用労働者対中小企業の労働者という形での労働者内部での対立が早い時点で明確に出現していたと考えられる。ただし脚注8で述べるように、解消がどの程度なされたのかについては意見の相違が存在している。

7　日本の国土政策としての地域開発の簡単なまとめとして、岡田他（2016）の第三章を参照。

利益となるため、この問題を克服することができたのである。このような
形によって、雇用関係に入っていない層、企業数が少ない地域についても
社会システムの中に包摂することが可能となり、安定した社会システムが
生み出されたのである。

Ⅱ　労働条件の均質化と、その再断片化

　前節で述べたように、以前に存在した日本経済のシステムは、その中核
に労働と資本の間の安定した関係性をもっていた。これが可能となるため
には、企業の多様性が一定の範囲に抑えられ、年齢や学歴、性別が類似し
た労働者に対しては類似した待遇を提供できることが必要である。これが
達成できない場合には、労働者内部での対立が発生していくこととなり、
安定した労働と資本の関係は、労働の内部の対立という理由によって達成
することが困難となる。

　戦後の日本において、このようなことが最初から達成されていたわけで
はない。1950 年代には「二重構造論」が一つの焦点となった。これは企
業規模別の資本集中度と生産性の差、およびそれに対応した、労働者の雇
用条件の相違であった。これをどの程度批判的にとらえるかについては学
派によって差が存在するが、マルクス派からは、大企業が中小企業を犠牲
にしているという観点から主張されることがあった。しかし 1960 年代の
高度経済成長は労働力の需要を増加させ、これが中小企業層においても労
働者の待遇を改善させることを強制し、労働者の待遇面での二重構造は解
消されていくことになる[8]。

　しかし高度経済成長が終了すると、次なる分断線が出現する。それは産
業レベルでの分断線である。素材型産業、造船や繊維産業など旧来の花形

8　ただし二重構造は依然として存在し続けたという主張も存在している。新川（2005）
　　では、福利厚生を考慮した待遇面からみると、大企業と中小企業の間における格差
　　は存在し続けたとされている。格差に関する議論全般に共通すると思われるが、ど
　　の程度の差を「重大」であるとみるかは、それぞれの思想的立場に依存することが
　　大きい。

とされた産業は不調に陥ることとなり、「特定不況産業安定臨時措置法」が出されるに至った。対して自動車や電機産業などは将来を期待しうる産業とされ、日本経済全体での構造転換が求められることとなったのである。このように1970年代においては、産業間での異質性が増加することとなる。しかしこのような状況は1980年代後半から加速していくバブル経済によって克服されていくことになる。これにより労働力が枯渇することとなり、労働者の待遇は改善されていったのである。

　このようにマクロ経済の好調によって、労働者内部に存在した分断線を和らげることに成功したのが、1980年代までの日本経済であった。しかしこの傾向は1990年代以降の長期におよぶ経済停滞によって逆方向へと進み始めることとなる。1990年代以降の特徴として、企業間の多様性の増大があげられる。これがどのように進展したのかを、セバスチャン(2015)の第2章を参考にして示すと、以下のようにまとめられる。

　一つ目は労働生産性および全要素生産性でみた部門内での格差が増大していることである。各部門で最も生産性の高い企業集団と、最も低い企業集団のギャップは、1998年以降に増加している。つまり、生産性がもともと高かった企業集団はさらに生産的になり、生産性が低かった企業集団はそれと比較して改善が遅れているということになる。このように同一部門内でのギャップが増加している。また部門内でのギャップとしては、従来は類似しているものとみなされていた同一産業での同規模の企業間における差も増加していると指摘されている。

　二つ目は資金調達のパターンである。1990年代以降、金融面については規制緩和が急速に進んだが、1990年代の日本企業は全体としてみれば銀行融資依存を強めた。しかし規模別でみると相違が存在する。大企業は銀行との関係性を緩和し、市場志向を強めた。対照的に最小規模の企業では、依然として銀行融資が好まれるという差が存在している。機関投資家からの資金調達も注目されるようになったが、機関投資家の資金は主要な製造業輸出企業の狭い範囲に集中的に投下されていくことになる。資金調達面においても、このような多様化が進むこととなった。先にみたように資金調達制度は雇用の在り方とも関連をしているため、資金調達方式の多

様化は雇用制度の多様化へとつながっていくことになる。

　三つ目に、資金調達を含む企業経営の在り方全体についてである。これは雇用方針や取締役会の構成などの企業組織全般をみるものであるが、Aoki et al. (2007) の研究では、2000 年代半ばの時点において、旧来型の日本企業モデルに比較的合致する企業が、調査の対象となった企業のなかにおける約 26％を占めた。雇用数からみると約 10％である。雇用については旧来の長期的安定雇用を志向しながらも、資金調達については市場志向を強めている「混合モデル」は、約 23％の企業によって採用され、雇用の約 67％を占めていた。雇用数からみると、この在り方が主流であったといえる。資金調達については銀行との長期的な関係性を志向し、雇用については市場型の短期的な関係性を採用する企業は、企業数でみると21％であり、雇用数としては 10％近い割合であった。旧来型の日本的企業経営はもはや主流とはいえないが、消滅したわけではない。またアメリカ型の理念系とされる市場志向の資金調達と、労働市場ベースの雇用契約という形の企業は、調査対象となった企業の中ではみつかっておらず、そのようなモデルへと収斂していくということを主張することもできない。企業組織の在り方という点からみても、多様性が増加しているといえる。

　まとめると、日本経済においてはバブル経済の崩壊までは多様性が低下していき、それ以降は多様性が増加していっていることになる。企業間の多様性が増加していることは、労働者の内部における多様性の増加へとつながり、それは労働と資本の間における安定した関係性を突き崩していくことにつながる。

　以下では資本の行動を表す指標となる利益率あるいは利益額という観点から、上で述べた多様性の問題をみていくこととする。資本主義社会においては企業組織の在り方も、あるいは生産性についても利益を獲得するための手段である。また利益額の多寡は、労働者がどのような待遇を勝ち取れるかということとつながっている[9]。以下では法人企業統計を利用して、

9　もちろん企業の利益が大きければ、労働者の待遇が自然と改善されるわけではない。ただし可能性の増大をもたらすことにはつながる。

資本金の規模別および産業間における利益のばらつきがどのように変化してきたかをみることとする。

Ⅲ　資本金規模別でみた利益率の差の変化

　本節では資本金規模別で利益率の差がどのように変化してきたのかをみる。利益率の指標としては、総資本営業利益率および総資本経常利益率の二つがよく利用されているため、そのそれぞれについて検討する。

　最初に資本金規模別での総資本営業利益率の変化をみる。それが図1に示されている。なおデータの関係上、2008年度までのグラフとなっている。これをみると、1977年度までは資本金が小規模の企業が営業利益率としてはより高かったといえる。ただし1980年代に入ると、資本金が10億円以上の規模がもっとも営業利益率が高くなることになり、逆に5百万円以上1千万円未満の層がもっとも低いということになった。また1980年代前半は資本金規模別での営業利益率のばらつきが、それ以前と比較すると増加した時代である。しかし80年代後半から90年代前半にかけては、資本金規模別の営業利益率の差が圧縮され、同一水準となった。これは「二重構造」が消滅したという議論と一致している。しかしそれ以降において、資本金規模別での営業利益率のばらつきが増加していくこととなる。特に5百万円以上1千万円未満の層では大きく低下することになる。それ以外の規模でも、それぞれの間での営業利益率のばらつきは拡大していった。

　次にもう一つの利益率である経常利益率についても同様に資本金の規模別で比較を行う。それを描いたものが図2である。経常利益率についても、1977年度までは比較的小規模の資本のほうが、規模の大きい資本と比較して利益率が高かった。1980年代に入ると10億円以上の大規模資本がもっとも利益率が高くなるのも営業利益率と同様である。ただし経常利益率については、大規模の資本が一貫してより小規模の資本を上回っているという違いが存在している。1990年度から1993年度では、営業利益率でみると10億円以上の規模の営業利益率は、それ以外の層の営業利益

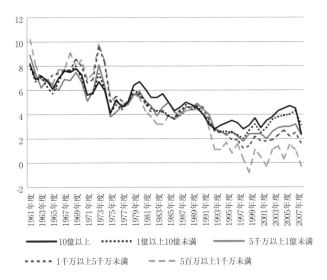

図1　資本金規模別総資本営業利益率の変化
注）金融・保険業除く全産業である
データ出所：法人企業統計

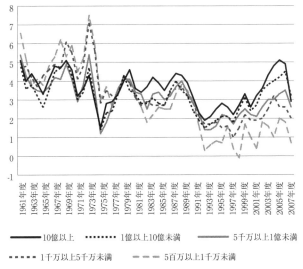

図2　資本金規模別総資本経常利益率の変化
注）金融・保険業除く全産業である
データ出所：法人企業統計

率を下回っている。しかし経常利益率でみると、この期間でも 10 億円以上の規模がもっとも高くあり続けた。このように営業利益率と比べて順番には差異があるが、1980 年代後半から 1990 年代前半にかけては、経常利益率の面でも規模別の圧縮が進んだという点では営業利益率と同一である。1990 年代以降の経常利益率の低下がもっとも大きかったのは 5 百万円以上 1 千万円未満の層であったという点も営業利益率の場合と共通している。また 1990 年代以降、経常利益率の規模別でみたばらつきも、営業利益率と同様に拡大していった。

　このようにどちらの利益率からみても、1970 年代前半のばらつきから 1970 年代後半の圧縮、そこから 1980 年代前半のばらつきの拡大傾向、1980 年代後半から 1990 年代前半までの圧縮、そこから現在まで続く、規模別のばらつきの拡大傾向を見て取ることが可能である。このように、資本の規模別の利益率という点から 1990 年代以降の規模別の差の拡大を確認することが可能である。

Ⅳ　製造業における産業別の利益率のばらつき

　次に産業別でみた場合に、利益率にどの程度の差があるのかという点から多様性の増大をみる。ただし利益率の水準が高いほど分散の絶対的な大きさは大きくなる傾向があると考えられる。この影響を和らげるために、本節では変動係数[10]の視点からみることとした。また法人企業統計の産業分類では、非製造業は農林水産業から医療、教育、インフラ業などの幅広い分野を含んでおり、そもそもの性質としてばらつきが大きくなりやすいと考えられる。そのためここでは製造業のみに限定して、その内部での変動係数を計算した。また、法人企業統計の分類変更にともなって、計算に使用されている部門の数や区分が途中で変化している。そのような制限はあるものの、1961 年度から 2017 年度までのデータを利用して変動係数を計算した。

10　変動係数は標準偏差÷平均によって計算される。

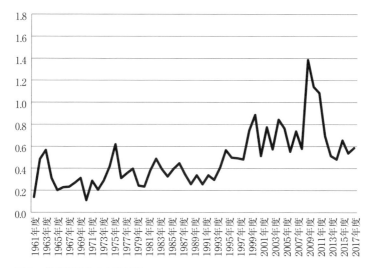

図3　営業利益率の変動係数
注1）製造業で計算
注2）資本金規模は全規模を含む
データ出所：「国民経済計算」から筆者計算

　最初に営業利益率からみる。営業利益率のばらつきについて、資本金規模で分割せずに全規模で見た場合の変動係数が図3である。リーマンショックの影響で2008年度および2009年度の値が大きくなっているが、そこを除くと変動係数の水準の変化は次のようになる。一つ目は1970年代前半までと、それ以降から1992年までの差である。変動係数は1970年代前半までは0.2程度であったが、オイルショックをへて上昇し、上下動はありながらも、平均としては0.31程度まで上昇することになる。傾向としては1993年度以降から2002年度まで上昇傾向が続く。そののちはリーマンショック期を除くと、平均で0.5程度の水準となる。このように段階を経ながら、製造業内部での営業利益率のばらつきの程度は上昇を続けてきたのである。また1970年代前半までの水準から、その次の1992年度までの水準への上昇はそれほど大きいものではなかったが、1990年代後半からの変動係数の上昇は、それ以前の倍ほどの水準まで上昇するという大きな変化であった。

　次に経常利益率における変動係数をみる。図4がそれを示している。

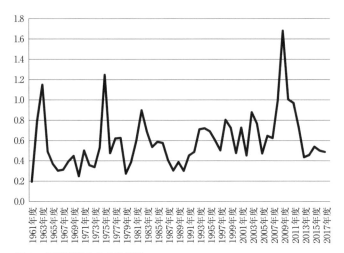

図4　経常利益率の変動係数
注1）製造業で計算
注2）資本金規模は全規模を含む
データ出所：「国民経済計算」から筆者計算

経常利益率をみると、変動係数は 1960 年代が比較的低く、それ以降に上昇したということがわかる。ただし営業利益率の変動係数が示したように段階的に上昇したというわけではなく、上下動はありながらも、安定した水準を保っているというところに違いがある。営業利益率と比較すると、1960 年代において変動係数は 0.35 前後を上下しており、営業利益率の変動係数と比較すると当初から高い水準にあった。1970 年代以降では、大幅な上下動があるもののその単純な平均とると、0.54 程度となるが、これは営業利益率の変動係数が 2000 年代以降に到達した水準に近いものである。

　経常利益率と営業利益率の変動係数を比較すると以下のことがいえる。日本での製造業内部における利益率の相対的なばらつきの大きさは、もともと経常利益率のほうが高く、営業利益率は低い水準であった。経常利益率の変動係数は若干の上昇を示したが比較的安定していたのに対して、営業利益率の変動係数は段階を経ながら上昇し、2000 年代に入ると経常利益率に近い水準まで上昇した。歴史的にみるならば特に営業利益率について製造業内部でのばらつきの水準が増加したということになる。このよう

に利益率という観点からみても、少なくとも製造業の内部で特に 2000 年代に入るとばらつきが増大していくということになった。

　図5は資本金規模別で、営業利益率の変動係数を示したものである。全体としての変化の傾向は、全規模で見た場合と同一である。しかし 2000 年以降に入ると資本金規模別で変動係数の差が拡大している。資本金の額が 1 億円以上 10 億円未満の層で変動係数が比較的低く、1 千万円以上 5 千万円未満の層では高めであるという傾向がある。部門間での営業利益率のばらつきが拡大しているということは確かであるが、資本金の規模別でみると進展の度合いに差があることがわかる。次に経常利益率についても同様に示したものが図6である。これについても同様に、2000 年以降に入ると差が拡大したということを確認できる。営業利益率および経常利益率のどちらでみても、製造業内部でみた部門間の利益率のばらつきは拡大している。ただし資本金の規模別で進展の度合いには差が存在している、ということになる。

　以上述べてきたことをまとめると、経常利益率のほうが、もともと営業利益率よりも部門間でのばらつきが大きく、歴史的にみると営業利益率のばらつきが増加した結果として経常利益率のばらつきに接近していくという経路を描いたということがいえる。どちらの指標でみても部門間でのばらつきは増大しているが、上昇の度合いからすると営業利益率のほうが大きい。営業利益率はその会社の主たる業務から得られる利益の状態を表すものであり、労働者の雇用状態にはより関連すると思われる。こちらのほうが大きく上昇しているということが、労働者の内部での多様化に対して影響を及ぼしたと思われる。

まとめ

　現代の日本経済は長期におよぶ停滞を経験しているが、その原因を説明する議論として、日本経済の安定的成長を支えていた旧来の社会システムが崩壊し、それに代わる新しい社会システムが成立していないというものがある。この議論と関連して、本章では旧来の日本経済において成立していた社会システムの中心をなしていた、安定した資本と労働の関係性が崩

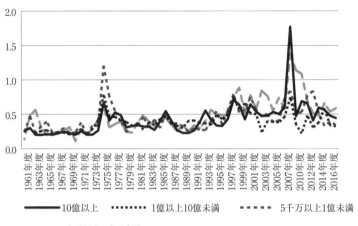

図5　資本金規模別の営業利益率変動係数
注1）2009年度は値が極めて大となったため、作図の都合上除いている。
注2）製造業企業
データ出所：「法人企業統計」より筆者作成

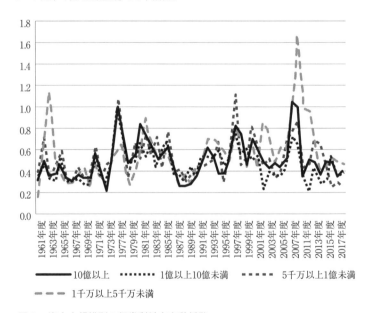

図6　資本金規模別の経常利益率変動係数
注1）1975、76年度は値が極めて大となったため、作図の都合上除いている。
注2）製造業企業
データ出所：「法人企業統計」より筆者作成

壊し、現代の日本では資本の均質性が低下し「断片化」が発生しているという議論に注目し、資本の内部における多様化の増大について経常利益率および営業利益率という点から実証的にみた。

　資本の規模別でみた場合、経常利益率および営業利益率の資本金規模別の差は、バブル経済期までは圧縮される傾向があったが、90年代以降はそれが逆転し規模別の差が増大していくこととなった。また絶対的な水準ではなく変動係数という意味での部門間における利益率のばらつきも、特に営業利益率において増加している。経常利益率のばらつきはもともと営業利益率のばらつきよりも高いものであったが、日本経済においては営業利益率のばらつき度合いが上昇することで、どちらの利益率のばらつきもその程度が高いものへと変化していくこととなった。特に主たる業務からの利益の指標である営業利益率における差が増大していることは、雇用の多様化の進展に対して直接影響を与えるものである。

　このように日本経済においては資本の内部での「断片化」が進展しているということが確認されたが、これがどのような理由によって引き起こされているかの検討については今後の課題である。

参考文献

Aoki, M., Jackson, G. and Miyajima, H. (eds.) (2007) *Corporative Governance in Japan: Institutional Change and Organizational Diversity,* Oxford: Oxford University Press.

岡田知弘、川瀬光義、鈴木誠、富樫幸一（2016）『国際化時代の地域経済学　第4版』有斐閣

置塩信雄（1957）『再生産の理論』創文社

新川敏光（2005）『日本型福祉レジームの発展と変容』ミネルヴァ書房

セバスチャン・ルシュバリエ（2015）、新川敏光訳『日本資本主義の大転換』岩波書店

第11章 日本経済における金融化と産業資本の性格変化

はじめに

　前章では、日本の長期停滞の原因について制度的補完性の崩壊を重視するレギュラシオン的な観点に基づいて、古典的な日本経済のシステムを支えていた資本と労働の関係性を突き崩すものとしての、多様性の増大について検討した。そこで示されていたものは、資本の内部における多様性の増大が労働の内部における多様性の増大を引き起こし、資本と労働の関係性を不安定なものとして、旧来の日本的システムの中核を形成していた資本と労働の一定の妥協形態を崩壊させていったこと、またそれに代わる新しい社会システムを未だ形成しえていないことが現代の日本経済が直面している困難の原因であるという見方であった。

　これに対して、現在の日本の経済活動が停滞しているのは、資本が金融活動に重点を置くようになり、実物的投資を行わなくなったことに原因を求める見方がある。それは「金融化論」とよばれるものである。「金融化」という現象を重視する立場にも多種多様なものがあり、それについて統一的な見解があるわけではない。高田（2015）は「金融化」に関する多様な定義をまとめているが、そこにあるように金融化の論点は多様なものを含んでおり、金融化の現代経済への影響の論じ方も多岐にわたる。そのため現在においても金融化について統一的な定義は得られていない[1]。とはいえ資本とは運動する貨幣なのであって、資本にとって使用価値は単なる価値の乗り物でしかないという点を踏まえると、これは決して無視してはならない見解である。

1　金融化論をレビューしたものとして、高田（2015）がある。

　金融活動を行うのみでは物質的な再生産を維持することはできない。しかし資本にとってそれはどうでもよいことであり、貨幣的な増殖を達成する方法が生産活動以外にあり、かつそちらのほうが増殖の効率がよいならばそちらを選択するということは、資本にとっては合理的な選択である。そこで本章では、現代日本における産業資本がどれだけ「金融化」しているといえるかということを検討する。

　Orhangazi (2008) は金融化について、金融経済のレベルでの定義である「金融市場、金融取引、および金融機関の規模と重要性の増大」というものと、経済システム全体に関わる「非金融企業セクターにおける金融的投資と金融的収益の増大、企業経営に対するプレッシャーの高まり」という定義を与えている。本書では資本主義を歴史的な一段階ととらえ、その歴史的役割という点から考えているが、その点からするならば金融化については Orhangazi の二つ目の定義に関わる、非金融企業セクター（産業資本）の性格の変化に重点をあてることが重要である。日本経済を対象として、産業資本の行動の変化という観点から金融化について検討を行ったものとして、ポストケインジアンの立場からは西（2012）、嶋野（2015, 2016）、マルクス派の立場からは小西（2014, 2016）がある。嶋野は「株主価値指向」の浸透が、大企業においては長期的成長志向を弱め、資本蓄積率[2] に負の影響を与えているという結論を導いている。西は、金融資産の総資産に占める割合、キャッシュフローに占める金融的収益、支出の割合などを検討し、アメリカにみられるような全面的な「金融化」は日本では進んでいないとする。小西は実物資産[3] の蓄積の停滞と、金融資産の増

2　嶋野における資本蓄積率は次のように計算されている。『法人企業統計』の項目で、その他の有形固定資産（当期末固定資産）と建設仮勘定（当期末固定資産）と無形固定資産（当期末固定資産）の和（期首・期末平均）を当期の資本ストックとする。当期の資本ストックの変化分と「減価償却費合計（当期末償却固定資産）」の和を計算し、それを投資とする。そのうえで投資を資本ストックで除したものを資本蓄積率としている。西においても同様である。

3　ここでの実物資産とは、『法人企業統計』における土地を除く有形固定資産のことである。

加を統計的に示し、「金融化」の根底には実物資産の蓄積の停滞[4]によって過剰化した貨幣があること、企業の収益は金融に依存するようになっている、としている。

　このように日本経済において産業資本の性格の変化が生じているかについては意見の一致をみていない。本章ではこの問題について二つの観点から検討を加える。一つ目は産業資本の資産構成の面からである。小西では資産構成に占める金融資産の増加が金融化を示すものとされているが、金融資産といってもその保有目的は多様である。本章では近年の金融資産の増大をより細かくみることで、この増大が産業資本の性質の変化を意味するのかについて検討する。二つ目は金融的収益の比率の増大および資本蓄積の停滞の観点である。近年、金融的収益がキャッシュフロー全体に占める比率が上昇しており、それには資本蓄積の停滞が大きな影響を及ぼしている。資本蓄積の停滞は金融化論で主要なテーマとなっているが、金融的収益のキャッシュフローに占める比率の増大という金融化現象の別の特徴を導いているという点でも資本蓄積の停滞は重要である。しかしながら現代の企業活動のグローバル化の進展という事実を踏まえれば、日本国内における資本蓄積の停滞を産業資本の性格の変化に直接結びつけることは誤りである。産業資本が金融活動に重点を置くようになった場合に資本蓄積の低下がみられることは確かであるが、国内においては研究開発拠点を残し、海外において生産を行っている、あるいは生産を委託するという国際的な機能配置の結果としても日本国内での資本蓄積の停滞は生じる。このどちらが原因であるかによって日本国内における資本蓄積の停滞が持つ意味は異なる。本章ではこの点について先行研究が触れていない研究開発の側面に注目して検討し、資本蓄積の停滞は企業が金融的収益を重視するようになった結果生じたものであるかについての検討を行う。

　本章は次のように構成される。第Ⅰ節では産業資本の性格が変化してい

---

[4]　小西は『法人企業統計』の金融・保険業を除く全産業の、ソフトウェアを除いた設備投資額の停滞および土地を除く有形固定資産の増加の停滞によって蓄積の停滞を把握している。

ることの根拠の一つとされてきた、金融資産の増大について検討する。第
Ⅱ節では2000年代後半になると、キャッシュフローに占める金融的収益
の比率が増大していること、およびその原因は減価償却費の低下にあるこ
とを示す。減価償却費の低下は資本蓄積の停滞の反映であり、金融的収益
の比率が増加することは、日本国内における資本蓄積の停滞を別の形で反
映したものでもある。第Ⅲ節ではこの資本蓄積の停滞が、産業資本の性格
の変化によって引き起こされたものであるかを、研究開発費の推移をみる
ことで検討する。第Ⅳ節はまとめである。

Ⅰ　金融資産の増加は何を意味するか

　本節では、先行研究が現在の日本において金融化が進展している根拠と
する、金融資産の増加という点について検討を行う。先行研究が示してい
るように金融資産が増加しているのは事実であるが、単に量的に増加して
いるというだけでは産業資本の性格が変化したとはいえない。例えば株の
取得といっても、それが経営の支配を目的としたものか、あるいはキャピ
タルゲインを狙った投機的なものであるかによって意味は異なる。そのた
め量的な検討に留まるのではなく、より細かな資産構成をみる必要があ
る。資産における質的な差としては固定資産と流動資産の違いが存在して
いる[5]。流動資産は正常な営業循環の中にあるか、または1年以内に換金可
能なものであり、固定資産は1年を超えて利用される資産と1年以内に換
金することを目的としていないものである[6]。両者は性質に違いがあるため

5　以下本文中における固定資産と流動資産の区分はすべて『法人企業統計』における
　区分による。本節で対象としている西および小西の先行研究も同様である。

6　法人企業統計における資産は貸借対照表から作成されるため、流動資産および固定
　資産の区分も貸借対照表と同一となる（法人企業統計調査票の記入要領については、
　http://www.mof.go.jp/pri/reference/ssc/outline.htm から参照可能である）。日本
　での貸借対照表の説明は、例えば桜井（2015）などの会計学に関する教科書を参照
　されたい。

区分する必要がある[7]。以下では、第1小節において、同一の統計を使用しながら金融資産の動態について逆の結論を導いた小西（2014, 2016）と西（2012）を比較し、結論が異なる理由は固定資産を考慮するかどうかによるものであることを示す。そのうえで第2小節において、金融資産の増加の主因である固定資産の内訳をさらに詳しくみることで、金融資産の増加の意味を明らかにする。

Ⅰ－1　金融資産が総資産に占める比率に対する固定資産の影響

　法人企業統計を使用して金融資産の増加を示したものとして小西（2014, 2016）がある。これに対して西（2012）では同じく法人企業統計を使用しながら、企業の総資産に占める「金融資産」の割合は通時的に低下しているという反対の結論を導いている。同一の統計を使用している以上、この結論のちがいは主として両者の「金融資産」の定義の違いによるものである。両者の定義を表1にまとめた。

表1　小西および西における金融資産の定義

小西における金融資産	株式（流動資産・固定資産）、公社債（流動資産・固定資産）、その他の有価証券（流動資産・固定資産）
西における金融資産	現金・預金（流動資産）、株式（流動資産）、公社債（流動資産）、その他の有価証券（流動資産）、売掛金（流動資産）、受取手形（流動資産）

注）いずれも法人企業統計の項目名である。

使用している項目も異なっているが、最大の違いは、西は流動資産のみを見ているのに対して、小西は固定資産も含んでいる点である。この点をみるために西における金融資産の定義を、固定資産を含んだ場合に拡張したものを金融資産とみなした場合に、金融資産の総資産に占める比率はどのように変化するかをみる。この場合は表1に示した西の定義に、株式（固定資産）、公社債（固定資産）、その他の有価証券（固定資産）が加わるこ

7　両者の違いは西（2012）において強調されている。西は金融化の局面では資産取引が投機的になる傾向があるとしたうえで、この側面を見るためには即座に取引を行う資産で検討することが妥当とする。これが、西が金融資産比率の計算において固定資産ではなく流動資産を用いた理由である。

とになる。なお小西に合わせて、資本金 10 億円以上企業に限定すること
にする。それを示したものが図 1 である。また図 2 には金融資産を西の定
義に合わせ、かつ資本金 10 億円以上の企業に限定した場合を示した。

　流動資産のみをみる西の定義の場合、金融資産と総資産の比率は、製造
業では 1989 年にピークに達し、以後は 2007 年まで低下を続ける。その
後わずかに上昇するが、ほぼ横ばいである。非製造業の場合は、1989 年
までゆるやかに低下を続け、以後は低下速度を速めて 2001 年まで低下を
続ける。その後はほぼ横ばいとなる。上下動はあるものの、長期的にみれ
ば金融資産の総資産に占める比率は低下を続けたといえる。これに対して
金融資産の定義を小西のように固定資産をふくめて広くとる場合には、図
1 に描かれているように変化が異なる。非製造業では 2002 年までは低下
を続けていたが、それ以後上昇する。また製造業では 1975 年から 1989
年にかけて上昇した後に、わずかに低下し、その後は横ばい状態が続いた。
リーマンショック時に落ち込みがみられるが、2009 年以降は上昇してい
る。金融資産を固定資産も含める形で計算した場合には、金融資産の総資
産に占める比率の動態は、固定資産を含めない場合と大きく異なったもの
となる。このように金融化について量的な金融資産の量を指標とする場合
には、固定資産を含めるかどうかで大きく傾向が異なるという点に注意が
必要である。

　以下では、表 1 における小西の金融資産の定義を使用して、小西が見出
した金融資産の増加は、固定資産の増加が主要因であること、また、固定
資産の中でも株式の増加の影響が極めて大きいということを示す。

Ⅰ－2　金融資産の増加の内訳とその意味

　図 1 と図 2 の比較でわかるように、金融資産の変動に対しては固定資産
の影響が大である。ここでは流動資産と固定資産の内訳をみる。それらを
描いたものが図 3 である。

　名目額であることには注意が必要だが、金融資産を総額でみると、小西
（2014, 2016）が示したように傾向として通時的に増加していることは確
かである。特に 2000 年代に入ると、増加の速度がそれ以前と比べて上昇

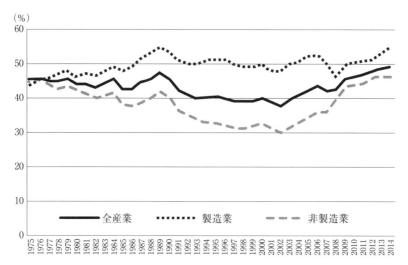

図1　広義の金融資産の総資産に対する比率

(1)『法人企業統計』を基に作成した。
(2) 広義の金融資産は、法人企業統計の金融業・保険業除く産業で、かつ資本金10億円以上の企業を対象として、現金・預金、受取手形（流動資産）、売掛金（流動資産）、株式（流動資産・固定資産）、公社債（流動資産・固定資産）、その他の有価証券（流動資産・固定資産）の合計からなる。

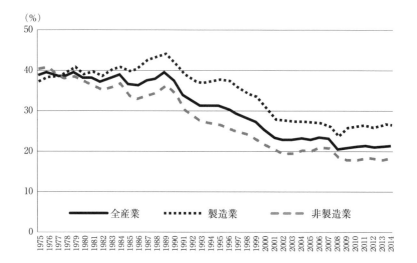

図2　資本金10億円以上企業の金融資産の総資産に対する比率

(1)『法人企業統計』を基に作成した。
(2) 金融資産の定義については表1にある西の定義を使用した。

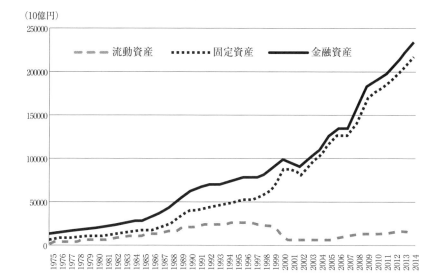

(10億円)

図3　資本金10億円以上企業の金融資産の内訳
(1) 金融業・保険業を除く全産業から『法人企業統計』を基に計算した。
(2) 金融資産は、株式（固定資産・流動資産）、公社債（固定資産・流動資産）、その他の有価証券（固定資産・流動資産）からなる。いずれも当期末の値である。
(3) 固定資産は、(2)の6項目のなかで固定資産とされるものを、流動資産は(2)の6項目のなかで流動資産とされるものを合計したものである。

した。この点と、実物資産の増加の停滞をもって非金融企業における金融資産の重要化が指摘されている。しかし金融資産を固定資産と流動資産に区分してみると、金融資産の増加のほぼすべては固定資産によってなされたことがわかる。流動資産は水準としては90年代までと比べて2000年代前半では低下し、2000年代後半以降に再度増加している。ただしその増加速度が固定資産の増加と比して遅いため、流動資産が金融資産全体に占める割合は低下を続けている。流動資産と固定資産の性質の違いからみれば、企業は金融資産の中でも長期的な目的で保有している部分を急速に増加させる一方で、短期的な視点でもつ金融資産についてはむしろ減少させたといえる。

　次にこの急速な固定資産の増大が、固定資産を構成するどの項目の影響によるものであるかをみる。それを示したものが図4である。

　これをみると、圧倒的な部分が株式（固定資産）によるものであること

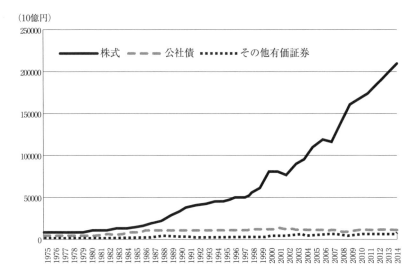

図4　資本金10億円以上企業の金融資産（固定資産）の内訳

(1) 金融業・保険業を除く全産業から『法人企業統計』を基に計算した。
(2) 株式は株式（固定資産）、公社債は公社債（固定資産）、その他の有価証券は（固定資産）から計算した。
いずれも当期末の値である。

図5　金融資産に株式（固定資産）が占める割合

がわかる。また図5には金融資産全体に占める株式（固定資産）の割合を
示した。割合でみると1980年代後半までは50％強であったが、そこから
上昇を開始し、2000年代に入ると80％以上に上昇し、2000年代後半以降
は90％弱を占めるほどになった。このように金融資産のほとんどが株式
（固定資産）によって占められている。

　本章の主題である産業資本の性格の変化の検討という点から、これ
が何を意味するかを考える。金融化論を取り扱ってはいないが、企業
の資産構成の変化を検討し、総資産に占める株式（固定資産）の影響
の増大を示したものとして、磯部（2013, 2014）がある。そこでは日経
NEEDS-Financial QUESTを利用して検討を行い、日本企業の海外進出に
伴う海外現地法人への出資や、日本企業による海外企業に対するM&Aの
増加が、株式（固定資産）の増大の要因であるとしている。

　小西は金融資産の増大を検出したが、その多くは株式（固定資産）の増
加であって、それは子会社株式・関係会社株式という、経営における影響
力を目的としたものである。このことはM&Aの増加[8]や、企業の海外進
出の進展など、現代経済の特徴からも理解できることである。このような
目的で保有する株の増大の結果として金融資産が増大したとしても、それ
を産業資本の性格が変化したという意味での金融化とみなすことは不適当
であり、むしろ各企業の事業再編の一環、国際的な機能配置の一環として
増大しているとみなすべきである[9]。

8　高田（2015）は、株式交換によるM&Aの活発化も「金融化」の特徴の中に含めて
　　いる。しかしながら事業再編成の手段としてのM&Aは、本章の観点からは「金融化」
　　を意味するものとはいえない。

9　嶋野（2016）も固定金融資産が増加しているということを示している。またその増
　　加の主要因が株式（固定資産）であるということにも言及しているが、金融資産が
　　実物資産に代替しているという点を強調して、本章とは逆に金融化を示すものとし
　　てあつかっている。

Ⅱ　金融からの収益に関して

　産業資本の金融化を主張する根拠の一つとして、収入に占める金融的収益の増大があげられる。西（2012）はこれを検討したうえで、アメリカに見られるような金融的収益への依存は見られないとしている。しかしながらキャッシュフローに占める金融的収益の比率が増加しているのは確かである。本節では西（2012）の定義に従って改めてそれを示し、また、この比率の上昇がどのような要因によって引き起こされているのかを検討する。使用したデータは『法人企業統計』であり、変数の定義については表2にまとめている。また西（2012）では全規模が対象とされていたが、本章では資本金10億円以上の企業に限って計算した。

　図6にキャッシュフローに占める金融的収益の割合が描かれている。西（2012）に示されている全規模を対象として計算された場合と比較すると、水準は高くなっている。これは資本規模が大きいほど、金融的収益の割合が大きいということである。製造業は1996年までは低下を続け、それ以降は2004年までは上下はありつつも横ばいとなり、2000年代後半に入ると再度上昇している。2008年に非常に大きい値となっているが、これはリーマンショックの影響で、計算の分母となるキャッシュフローの値が急減したためである。2010年代に入ると、その割合は80年代前半までの水準と等しいまでに上昇している。非製造業も製造業と類似した動向を示し、

表2　本章での名称と『法人企業統計』での項目の対応

本章での名称	法人企業統計での区分
金融資産	現金・預金＋株式＋公社債＋その他の有価証券＋売掛金＋受取手形。いずれの項目でも（前期末流動資産）のみで計算
総資産	資産合計
内部留保	当期純利益－配当金計－役員賞与
金融的収益	営業外収益
金融的支出	営業外費用＋配当金計
キャッシュフロー	「内部留保」と減価償却費の合算

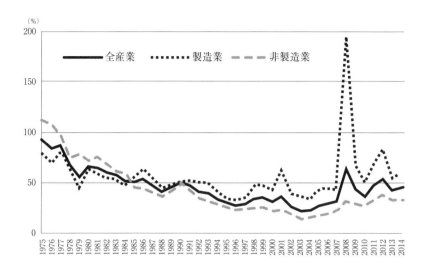

図6　資本金 10 億円以上企業の、キャッシュフローに占める金融的収益の割合

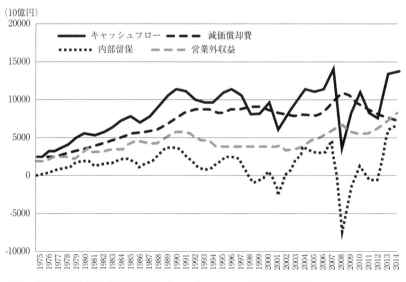

図7　製造業における金融的収益とキャッシュフロー比率の変動要因

2003 年まで低下したのちに、その後は上昇傾向にある。ただし製造業と
は異なり、80 年代までの水準と同等までには上昇してはいない。

　このような変動が生じた理由を把握するために、項目別にみる。最初
に製造業を検討する。製造業の金融的収益とキャッシュフローの額を、
キャッシュフローを構成する内部留保と減価償却の値を含めて描いたもの
が図 7 である。

　金融的収益を表す営業外収益をみると、1991 年まで増加していた。そ
の後は 2003 年まで低下し、それ以降は再び上昇をする。金融的収益が
キャッシュフローに占める比率という点では、1991 年までは金融的収益
（営業外収益）が額として増加していても比率は低下していた。その理由
はキャッシュフローの値が営業外収益を上回って増加したためである。こ
の時期のキャッシュフローの増加の主要因は、内部留保の増大よりも、減
価償却費の伸びの大きさである。対照的に、2001 年から 2007 年にかけて
のキャッシュフローの増加の原因は、内部留保の増加であった。2008 年
以降のキャッシュフローの、2007 年と比較しての回復も内部留保の伸び
によるものである。しかし減価償却費が低下したために、キャッシュフ
ローの伸びは、営業外収益の伸びよりも低いものとなり、結果として金融
的収益のキャッシュフローに占める比率は増加することとなった。まとめ
ると 2003 年以降の金融的収益のキャッシュフローに占める比率の上昇は
営業外収益の増加のみによって引き起こされたわけではなく、資本蓄積
率[10] の停滞の反映である減価償却費の停滞という要因もあって引き起こさ
れたものといえる。

　同様に非製造業についても変動を要因別にみる。それを描いたものが図
8 である。

　1991 年までの期間で、非製造業においても金融的収益（営業外収益）
は増加したが、それを超えるペースでキャッシュフローが増加したため、
金融的収益のキャッシュフローに占める比率は低下した。この時期におけ
るキャッシュフローの増加を導いた要因は減価償却費の増加であった。こ

10　ここでの資本蓄積率は西および嶋野の資本蓄積率の定義と同様である。

（10億円）

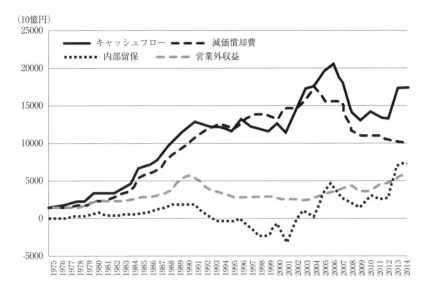

図8　非製造業における金融的収益とキャッシュフロー比率の変動要因

れについては製造業と共通である。その後、2003年まで金融的収益がゆるやかに低下し、キャッシュフローは停滞した。そのため金融的収益のキャッシュフローに占める比率もゆるやかに低下した。非製造業の場合、2001年を底として、内部留保は上昇を続け、2006年には金融的収益を上回る水準となった。これは内部留保が額として金融的収益を上回ることがなかった製造業との違いである。2003年以降、金融的収益は増加しているが内部留保の増加の速度がこれを上回った。しかし減価償却費が2004年をピークに急速に低下している。製造業と比較すると内部留保と減価償却費の合計であるキャッシュフロー全体としては増加しており、そのため金融的収益のキャッシュフローに占める割合は、製造業と比較しておだやかな上昇となっている。

　以上みたように、製造業、非製造業ともに2000年代中盤以降の、金融的収益のキャッシュフローに占める比率の増加は、金融的収益の増加とともに、減価償却費の低下によってもたらされたものであるといえる。減価償却費の低下は日本国内での新規の資本蓄積の停滞の反映であるため、資

本蓄積の停滞はそれ自身としても、また金融的収益のキャッシュフローに占める比率の増加を導く要因としても重要な問題となる。しかしこれまでに述べてきたように、日本国内における資本蓄積の停滞が即、資本の性格の変化を意味するわけではない。資本が金融的収益にその基盤を移しているのか、あるいは国際的な再編成の結果として日本国内での蓄積が停滞しているだけであるのかによって、資本蓄積の停滞という現象がもつ意味合いは異なる。この点をⅢ節で検討する。

Ⅲ　研究開発の側面に関して

　前節の分析で示したように、金融的収益のキャッシュフローに占める比率の増大には、資本蓄積の停滞が影響している。資本蓄積の停滞はそれ自身で金融化論の重要な論点となっている。ポストケインジアン派では配当金支払いの増大を、「金融化」の一つの特徴である「株主価値指向」の高まりととらえ、それが長期的な成長ではなく短期的な利益最大化を重視することにつながり、そのために資本蓄積率が低下しているという説明を行う[11]。逆にマルクス派では資本蓄積の停滞によって過剰な資本が金融領域に流れ込み金融化が生じたとする。蓄積の停滞と金融化現象の因果の方向は逆であるが、どちらの立場であっても資本蓄積の停滞を産業資本の性格の変化を表すものとして取り扱っている点では共通している。しかしながら産業資本の性格が変化したということを主張するためには、日本国内での蓄積の停滞を示すだけでは不十分である。繰り返しになるが、蓄積の停滞の原因には二通りが考えられる。一つ目は産業資本の性格が変化し金融的収益を重視するようになる場合、二つ目は産業資本が国際的な機能分割を行った結果として日本国内では蓄積が停滞する場合である。後者の場合は産業資本の性格が変化したとはいえないが、日本国内での蓄積の停滞とい

---

[11]　日本経済に対してこの観点から実証分析を行った嶋野（2015）では配当・資本比率の上昇が大企業では資本蓄積率に対して負の影響を与えたということを導いている。また嶋野（2016）でも金融化の進展が資本蓄積の停滞を招くというポストケインジアンの基本的論理を支持する実証結果を導いている。

う現象が発生する。この点をふまえると、産業資本の性格の変化という点をみるためには、単に日本国内における蓄積の停滞を示すだけでは不十分であり、先の二つのどちらの原因によって蓄積の停滞が引き起こされているのかを区別しなければならない。そのための方法として、本章では研究開発に注目する。日本国内での蓄積率が低下していたとしても、研究開発に注力しているならば、依然として産業資本としての側面に軸足を置いているということになる。

　前節と同じく資本金10億円以上の企業に注目して、研究開発活動の動きをみる。使用した統計は「科学技術研究調査」である。この調査は資本金10億円以上の規模に限っても全数調査ではないが、資本金規模10億円以上から100億円未満の場合は標本数が全企業の8割強、100億円以上の場合は9割以上と高い捕捉率を示している。

　調査対象となった企業のなかで研究開発を行っている企業の割合の推移を計算すると、資本金が10億円以上から100億円までの企業では1975年時点では72％、その後1991年までは70％程度であったが、その後低下し、2002年からは50％前後となっている。ただし研究を行っている会社数でみると2001年まで右肩上がりで増加し、その後2008年まではほぼ横ばい、2009年、2010年と減少するが、その後は再び横ばいという形となる。比率の低下は研究を行う会社数の減少ではなく、母数となる会社数の増加によって引き起こされたものであるといえる。資本金100億円以上の企業で研究開発を行っている企業の割合をみると、1975年から2000年にかけては80％強を推移、その後に低下し2010年までは70％台前半を推移、2011年以降は70％弱となっており、こちらも通時的に比率は低下している。ただし研究を行う会社数でみると2002年までは増加を続け、その後はほぼ横ばいで推移しており、研究を行う会社数が絶対的に減少したわけではない。ゆるやかな比率の低下は、こちらのほうでも母数となる会社数の増加によって生じたものである。

　研究開発を行っている企業の、社内使用研究費の総売上高に対する比率を計算し、それを図9に示した。1975年の時点では1.42％であったが、1980年から1986年にかけて急速に上昇し2.78％となった。その後もペー

図9　資本金 10 億円以上の研究開発を行っている企業の、社内使用研究費の総売上高に対する比率
(1)「科学技術研究調査」を基に作成した。
(2) 研究費は社内使用研究費支出額であり、売上高は研究開発を行う企業の総売上高である。

スは落ちるが比率は上昇を続け、1991 年に 3.06％となった。バブル崩壊とともに比率は低下したが、1996 年でも 2.92％までしか落ちていない。その後に上下動はありながらも 2001 年の 3.45％まで上昇していく。2001年から 2007 年の戦後最長の景気拡張期では比率は低下していき、2007 年に 3.05％となった。しかしその後の不況期においては上昇を続けている。図 10 には社内使用研究費の名目額が記してある。2007 年までは波はあるものの、基本的に右肩上がりである。リーマンショックの影響を受けた2008 年から 2009 年にかけては単年で過去最大の減少額となったが、それ以降は緩やかな回復にある。売上高に占める研究費の割合は、この時期において上昇しているため、リーマンショック以降の不況期では、企業は売上高が低下した場合であっても研究開発費をそれに比例するほどには低下させず、一定額を維持する行動をとったといえる。

　図 10 では、社内使用研究費の名目額を、株式（流動資産）、公社債（流動資産）、その他の有価証券（流動資産）という狭義の金融資産の増加額

（10億円）

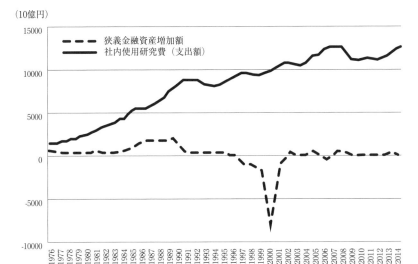

図10　社内使用研究費と狭義の金融資産の増加額
(1) 社内使用研究費については「科学技術研究調査」を、金融資産については「法人企業統計」を利用した。
(2) 狭義の金融資産とは、株式（流動資産）、公社債（流動資産）、その他の有価証券（流動資産）の合計で
計算した。t 年 - (t-1) 年の値を計算し、それを t 年に示した。

と比較するために、狭義の金融資産の変動についても示した。金融資産の
絶対額と比較せずに年々の増加分と比較したのは、社内研究費は年間に支
出されたフローであるのに対して、金融資産の総額はストックだからであ
る。両方をフローでの値に統一するために金融資産の増加分との比較とし
た。ただし、法人企業統計は 10 億円以上の企業について全数調査である
が、社内使用研究費の計算に使用した科学技術研究調査は全数調査ではな
いという違いがあるため、社内使用研究費は、実際に全企業が使用した額
よりも低く出ることになる。この実際よりも低くなっている額に対しても、
年々の狭義の金融資産の増加分は小さい。また社内使用研究費支出額は、
絶対的な大きさとしても狭義の金融資産の合計額を上回っている。

　以上をまとめて研究費という点から述べると次のようになる。名目額で
いえば研究費支出額は 2007 年までは右肩上がりで上昇している。リーマ
ンショックの影響を受けて低下したが、それ以降は回復をみせている。ま
た研究費支出額と売上高の比率で見た場合、上下動はありつつも長期的に

みれば上昇を続けている。また注目すべきは近年になると不況期において
比率が上昇しているということである。バブル崩壊後においては比率が低
下したが、リーマンショック以降では比率が上昇している。これは売上高
が低下した場合であっても研究費支出額については維持しようとしている
ということを意味する。以上の結果は名目額の推移、研究費支出額と売上
高の比率のいずれにおいても、産業資本としての長期的な視点を放棄する
ようなことはしていないということを示すものである。

まとめ

　本章では、産業資本の性格が金融を重視する形に変化したという意味で
の金融化が日本経済において進展しているかという点について、金融資産
の増大の詳細、金融的収益のキャッシュフローに占める比率の増加は何に
よって引き起こされているのか、および研究開発の側面から検討した。従
来は金融資産の増大、および資本蓄積の停滞を直接に産業資本の性格の変
化に結びつけてきたが、それは不適当である。金融資産も、短期的収益を
目的としたものと長期保有を目的としたものがあり、性質の違いを無視し
て一括して扱うことには問題がある。金融的収益に軸足を移しているとい
うならば前者が増大していることを示さねばならない。資本蓄積の停滞に
ついても、それが産業資本の性格が変化したことから引き起こされたもの
であるか、もしくは日本国内では経営や研究開発を行い、海外において生
産を行うという国際的分業の結果によって引き起こされたものであるのか
によって意味が異なる。本章では研究開発という、産業資本の本業におけ
る長期的成長の源泉となる活動に注目することで、資本蓄積の停滞という
現象がこのどちらから生じているのかを区別することを試みた。

　結果としては、現在においても日本経済においては産業資本の性格は金
融を軸にする形に変化しているわけではなく、長期的な成長の視点を放棄
したわけではないということになる。資産の側面からいえば増加している
のは固定資産としての株式であり、株式市場が低迷する時期であっても増
加させている。この点からすると短期的な収益目的ではなく、事業として
の支配を目的としたものであるといえる。長期的成長にとって重要な研究

開発に対しても一定額の支出が続けられており、総売上高に対する研究費の比率は上昇している。加えて絶対的な額としても、株式（流動資産）、公社債（流動資産）、その他の有価証券（流動資産）の合計金額の増加額よりも大きいものとなっている。そのため日本国内において観察される資本蓄積の停滞という現象は、産業資本が金融的収益に重点を移した、あるいは長期的視野を喪失したために起きたものではないということになる。

　以上の分析についての結果をまとめると、非金融企業において見出される金融資産の増加、金融的収益のキャッシュフローに占める比率の増大および資本蓄積の停滞は、日本の産業資本が国内においては経営の支配と研究開発という企業行動の中枢部分を担い、実際の製造は海外に任せるという国際的な機能分割の反映であって、資本としての性格の変化は生じていないといえる。

参考文献

Orhangazi, O. (2008) *Financialization and The US Economy*, Edward Elgar.
磯部昌吾「1980－2012年度における日本企業の財務構造の変遷」『ファイナンス』2013年12月号、63-71頁
――「上場企業と非上場企業の比較から見る日本企業の変遷」『ファイナンス』2014年6月号、83-93頁
小西一雄（2014）『資本主義の成熟と転換―現代の信用と恐慌』桜井書店
――（2016）「資本主義の『金融化』, その構造と意味」『経済科学通信』140号、31-36頁
小林陽介（2014）「アメリカ経済の金融化と企業金融企業と金融機関との関係に注目して」『季刊経済理論』第50巻4号、84-95頁
高田太久吉（2015）『マルクス経済学と金融化論』新日本出版社
桜井久勝（2015）『財務諸表分析』中央経済社
嶋野智仁（2015）「金融化が日本経済の資本蓄積に与える影響に関する実証分析―日本企業における『株主価値志向』浸透の観点から」『季刊経済理論』第51巻4号、70-82頁
――（2016）「日本経済における資本蓄積の様式の変化の要因―日本の非金融・保険業の金融化に着目した実証分析」『季刊経済理論』第53巻第3号、81-93頁

西洋（2012）「金融化と日本経済の資本蓄積パターンの決定要因産業レベルに注目した実証分析」『季刊経済理論』第 49 巻第 3 号、52-67 頁

第 12 章　金融的収益の重要化と格差の変動 の関係──資本収益率均等化の観点から

はじめに

　近年になり格差をめぐる議論が盛り上がっている。格差の原因としては様々なものがあげられている。例えば技術進歩がスキルの高い労働者をより活用する方向へと進んでいるスキル偏向型技術進歩、同じく技術進歩に注目するがタスクという考え方を採用し、以前は中間層を形成していた労働者が主として従事していた職業（例えばオフィスでの事務労働や製造業の現場労働）が技術進歩によって機械に代替されており、所得階層からみて上位の職業と下位の職業へと二極化が進んでいるという議論、新自由主義が各種の社会的規制を緩めたことが原因であるとする議論、グローバル化の進展と国際競争の激化を重視する議論など様々なものが存在する。

　本章では現代の格差拡大を論じるにあたり前章と同様に金融化という点に注目し、金融的収益が重要化しているという点から考えていく。ただし前章では実際の日本経済に焦点をあてたが、本章は理論的な考察となっているという違いがある。また第 5 章と同様に、運動する貨幣としての資本が本質的に保有している利潤率の均等化を求めるという性質、主流派経済学の用語でいえば収益率の均等化を求めるという性質、に注目する。我々が直面している格差の拡大は資本主義下における格差の拡大なのであり、それを説明するためには資本の本性に注目して説明をしていく必要がある。それが第 5 章と同様に本章で収益率の均等化という点に注目する理由である。収益率の均等化と格差の関係についてはすでに金江（2017）が指摘しているが、本章はその拡張となる。

　資本がその本性として収益率の均等化を求めるとしても、現実的にみて

それが常に可能であるとは限らない。しかし金融化[1]の進展とそれに付随する金融的収益の重要化は、収益率の均等化が現実のものとして現れることを可能とする。金融化の進展はどのような用途に向けられているのであれ、同一額の資本に対しては同一額の利潤を求めるという資本の本性を解き放つことにつながる。つまり金融的収益の重要化は、資本の本性が純粋な形で実現することを促進することで格差の持続を導くことになる。

　本章は次のように構成される。第Ⅰ節ではマルクス派最適成長モデルが行った資本貸借モデルの議論を振り返る。もっとも基本的なモデルでは最終的には格差が消滅するということが示されていた。第Ⅱ節ではそれと対比する形で、１財ラムゼイモデルを利用した議論、およびマルクス派最適成長モデルにおいて複数主体が存在する場合を見る。そこでのポイントは資本保有からの収益率が均等化するならば、消費格差が永続するということである。資本貸借モデルでは富者の蓄積行動は貧者の蓄積行動に影響を与えず、貧者にとっての資本蓄積からの収益率は富者のそれと一致することはない。そのため最終的に資産格差が消滅する状態へと到達する。しかし資本貸借モデルは物財モデルであるため収益率の均等化という点を直接表現することには向いていない。そのため第Ⅲ節でマルクス派分権モデルを基として複数主体が存在する場合に、資本収益率が均等化するとどのようにいえるかを論じる。これらの議論を基として第Ⅳ節では、現代資本主義の特質である金融化の進展と金融的収益の重要化が資本収益率の均等化圧力を強め、それが格差を持続させることにつながるということを論じる。つまり、金融的収益の重要化は資本が資本として自由に行動することを可能とし、それによって格差は持続していくことになる。

1　金融化の議論は非主流派経済学の中で現代資本主義の特質を説明するためのものとして注目されている。ただし非主流派経済学の中でも論理には差が存在し、ポスト・ケインジアンは金融的収益を重視するようになったことが現実経済の停滞を招いたとし、マルクス派は現実経済の停滞が貨幣資本を増大させ金融化を引き起こしたと考えることが多い。

I　格差の変化に対する資本貸借モデルからの分析

　マルクス派最適成長モデルを用いて格差の変化を分析したものとして、資本貸借モデルとよばれるものがある。そのもっとも基本的なモデルである大西・山下（2002）の結論は、個々人が完全に独立して資本[2]を蓄積していく場合、時間選好率と効用関数の形状、および労働の保有量が同一である個人は同一の資本蓄積量へと到達することになり、最終的に格差は解消するというものであった。以下ではその議論を概観する。

　資本貸借とは資本を保有する量が大である主体が、小である主体に対して自己の保有する資本を貸し出し、その対価を得るという行為である。これを説明するために、まずはマルクス派最適成長モデルの最も基本的なモデルの枠組みを述べる。マルクス派最適成長モデルの基本モデルにおいては、生産財の生産においては労働のみが、消費財生産においては資本（生産財）と労働の両方が使用されている。経済主体は消費財の消費から効用を得ており、通時的効用を最大化するべく、生産財生産部門と消費財生産部門の間で労働の分配を行うことになる。

　この問題を式で表現すると、

$$Y(t) = [s(t)L]^{1-\alpha} K(t)^{\alpha}$$
$$\dot{K}(t) = [1 - s(t)]L$$
$$\max U = \int_0^\infty e^{-\rho t} \ln Y(t)\, dt$$

という3つの式で表現される。ここでYは消費財生産、Lは保有する労働量で一定、Kは生産財の量、ρは時間選好率、Uは現時点から無限先の将来までの通時的効用の割引現在価値である。sは保有する労働量の中で消費財の生産に投入される割合である。この問題を解く主体は、通時的

2　マルクス派最適成長モデルでは、資本は生産財と同一の意味で使用されている。つまり自己増殖運動をする貨幣としてではなく、使用価値を基準に規定されている。

効用を最大化するように消費財への労働配分率を決定する。sを増加させ
れば現在の消費財生産は増加するが、生産財の生産が減少し生産財の蓄積
が低下するため、将来の消費財生産が減少することになる。このような現
在と将来の消費のトレードオフを考慮しながら、自己の通時的効用を最大
化するような労働配分率 s の通時的経路を決定することになる。

　最も基本的なモデルでは経済主体は一人である。しかしこのような通時
的効用最大化の主体が複数人存在する場合、資本貸借というものが発生す
る可能性がある。資本の保有量が大である主体（富者）を 1 という添え字
で、資本の保有量が小である主体を 0 という添え字で表現する。それぞれ
が保有する資本量を K_1 および K_0 という文字で表すと、それぞれが独立
して生産を行った場合、それぞれが獲得する消費財の量は次のようになる。

$$Y_0 = (s_0 L)^{1-\alpha} K_0^{\alpha}$$
$$Y_1 = (s_1 L)^{1-\alpha} K_1^{\alpha}$$

このような状態にあるとき、富者は貧者に資本を貸し与え、対価を得るこ
とによって獲得する消費財の総量を増加させることができる。この貸与額
を ΔK で表す。資本貸借による貧者の生産増加分は、

$$(s_0 L)^{1-\alpha} \{(K_0 + \Delta K)^{\alpha} - K_0^{\alpha}\}$$

となる。この増加分については富者がすべて獲得可能であるとすると、富
者が資本貸借をすることで獲得する消費財の量は、

$$(s_1 L)^{1-\alpha}(K_1 - \Delta K)^{\alpha} + (s_0 L)^{1-\alpha}\{(K_0 + \Delta K)^{\alpha} - K_0^{\alpha}\}$$

となる。問題はこの消費財の大きさが、富者が貧者に資本を貸すことなく、
すべて自己で利用したときの消費財生産額を超えるかどうかである。超え
ないならば資本貸借を行うことはない。以下では資本貸借が行われる場合
を考えるため、その条件は満たされているものと仮定される。

　これが資本貸借モデルであるが、その結果として格差はどのようになる
のか。大西・山下（2002）の結論は初期において保有する資本に差があり、
上述の資本貸借が発生していたとしても、最終的には格差は消滅するとい

うものである。これは最適成長モデルの枠組みでは、時間選好率などが同一であれば、どのような個人も最終的には同一の資本蓄積量に到達することが最適であるということから導かれるものである。

　また山下（2005）においても、労働者の資本蓄積を資本家が決定する場合には労働者に資本を蓄積させないことが資本家にとって搾取量を最大とするため、労働者は資本蓄積を行うことができず格差は永続するが、労働者が資本蓄積可能である場合には格差は消滅するという結論が得られていた。なぜこのような結果になるのかについては、次節で1財ラムゼイモデルの場合をとりあつかったのちに、それと対比させる形で論じる。

Ⅱ　ラムゼイモデルにおける格差の持続

　マルクス派最適成長モデルは、数理モデルとしては新古典派最適成長モデルの枠組みの中にある。しかし最適成長モデルにおいては時間選好率などが同一であるとしても、初期における保有資産の差によって定常状態においても資産格差が存在し続けることが示される。そのことを中村（2014）の第6章に示されたモデル、および稲葉（2016）で示されたモデルを用いて説明する。なおこれらのモデルは1財モデルとなっている。

　人口は1に基準化されており、HとLという2つのタイプが存在している。両家計ともに労働は1単位ずつ保有しているとする。家計Hの数をλ、家計Lの数を$1-\lambda$とする。両家計の選好は以下の効用関数で表現される。それは

$$\int_0^\infty exp(-\rho t)\frac{c_i(t)^{1-(1/\varepsilon)}-1}{1-(1/\varepsilon)}dt, \quad i = H, L \tag{1}$$

である[3]。この式の中でρは時間選好率、εは異時点間の代替の弾力性を表

---

[3]　中村（2014）では時間選好率ρおよび異時点間の代替の弾力性εも個人で異なる場合を考慮するために、それぞれにiの添え字がついている。しかし本章では資産格差の影響のみを考えるため、それについては同一としている。そのため最初から添え字を外している。

す。家計 i が保有する資本ストックを k_i、消費を c_i という記号で表すと、それぞれの家計の予算制約は、

$$\dot{k_i}(t) = r(t)k_i(t) + w(t) - c_i(t) \tag{2}$$

となる。ここで r は資本の収益率、w は賃金率である。保有する資本からの収入と賃金の合計から消費を差し引いたものが保有する資本ストックの増加量となることを (2) 式は表している。

このモデルを解くと、消費のオイラー方程式は以下の式となる。

$$\dot{c_i}(t) = \varepsilon(r(t) - \rho)c_i(t) = \varepsilon\big(Af'\big(k(t)\big) - \delta - \rho\big)c_i(t) \quad i = H, L \tag{3}$$

また各家計の最適化問題では次の横断性条件が満たされなければならない。

$$\lim_{t \to \infty} e^{-\rho t} c_i(t)^{-(1/\varepsilon)} = 0, \qquad i = H, L \tag{4}$$

経済全体でみた資本ストックの変化は次の式で表される。社会全体の資本ストックを k とすると、それは家計 H、L のそれぞれが保有する資本ストックの合計であるため、

$$k = \lambda k_H + (1 - \lambda)k_L$$

である。そのため k の時間変化は以下の式で表される。

$$\begin{aligned}\dot{k}(t) &= \lambda \dot{k_H}(t) + (1 - \lambda)\dot{k_L} \\ &= r(t)k(t) + w(t) - c(t) \\ &= Af\big(k(t)\big) - \delta k(t) - c(t)\end{aligned} \tag{5}$$

となる。なお (5) 式の中で $c(t)$ は、

$$c(t) = \lambda c_H(t) + (1 - \lambda)c_L(t) \tag{6}$$

となる。このもとで初期資産の相違がどのような影響をもたらすかを考えていく。

初期資産は H のほうが L よりも大きい、つまり $k_H(0) > k_L(0)$ と仮定する。両主体のオイラー方程式は (3) 式の形で同一である。

$c_i(t) = dc_i(t)/dt$ であるから、オイラー方程式より、

$$\frac{dc_H}{dc_L} = \frac{c_H}{c_L}$$

となる。そのため、

$$\frac{dc_H}{c_H} \Big/ \frac{dc_L}{c_L} = 1$$

となる。この式は c_H の c_L に対する弾力性が1ということを意味する。

この微分方程式を解くと次の式が得られる。

$$c_H(t) = a_0 c_L(t) \tag{7}$$

(7) 式の中で a_0 は初期値に依存する積分定数であり、

$$a_0 = c_H(0)/c_L(0)$$

となる。

つまりHとLの消費比率は初期の消費比率を保ちつづける形で変化して
いくということになる。

全体としての消費の変化は (6) 式および両家計のオイラー方程式より、

$$\dot{c} = \lambda \dot{c_H} + (1-\lambda)\dot{c_L} = \varepsilon(Af'(k(t)) - \delta - \rho)(\lambda c_H + (1-\lambda)c_L) = \varepsilon(Af'(k(t)) - \delta - \rho)c \tag{8}$$

となる。

次に定常状態での消費量を考える。上付きのアスタリスクで定常状態で
の量を表すと、(5) 式から資本ストック量に変化がなくなる定常状態にお
いては、

$$c^* = Af(k^*) - \delta k^*$$

となる。(6) 式については定常状態でも成り立っているため、それを利用
すると上の式は、

$$c_H^* = (1/\lambda)[Af(k^*) - \delta k^* - (1-\lambda)c_L^*] \qquad (9)$$

となる。定常状態においてHとLの消費量の間には反比例の関係が成立している。(9) 式を c_H と c_L をそれぞれの軸として持つ2次元平面上に示すと、図1のようになる。図1のなかで c_L^{max} および c_H^{max} は (9) 式から計算される、それぞれが達成可能な最大の消費量である。c_L^{max} は (9) 式で $c_H^*=0$ として計算され、 c_H^{max} は $c_L^*=0$ として計算される。(7) 式から両家計の消費量の変化は、初期の消費率を保つ形で、直線を描くことがわかる。図1に記された位置に初期の消費量があるとすれば、原点とその点を結ぶ直線上を、(9) 式で表される定常状態における両家計の消費量の関係を示す直線に到達するまで移動していくことになる。

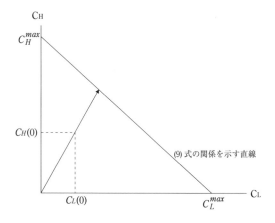

図1

このモデルでは初期の消費比率選択が通時的な消費格差を規定することになる。時間選好率などのパラメータは両家計で同一であるので、初期の消費比率は初期の資本保有比率と比例することになる。つまり、初期において資本保有が大である主体は定常状態においても、またそこへの移行過程においても消費は大であり続けるのである。また比率が一定ということは消費量の絶対的な増大に応じて、消費量の差の絶対的な大きさも拡大し

ていくということである。

　定常状態における資産保有比率については以下のように計算される。定常状態においては、(3) 式より、

$$Af'(\mathrm{k}^*) - \delta = \rho$$

となる。また $Af'(\mathrm{k}^*) - \delta = r^*$ である。そのため (2) 式より、

$$\rho k^* = c_i^* - w^*, \quad i = H, L \tag{10}$$

が成立している。(10) 式と、(7) 式を利用すると定常状態における両家計の資産保有比率 k_H^*/k_L^* は次のようになる。

$$\frac{k_H^*}{k_L^*} = \frac{a_0 c_L^* - w^*}{c_L^* - w^*} \tag{11}$$

となる。(11) 式の右辺から a_0 を引き、ここでは $a_0 > 1$ と仮定していることを考慮すると、

$$\frac{(a_0 - 1)w^*}{c_L^* - w^*} > 0$$

という結果を得る。そのため $k_H^*/k_L^* > a_0 > 1$ という結果を得る。つまり定常状態における資産保有比率は消費比率を上回るということである。

　以上みてきたように、このモデルでは初期の格差が定常状態においても永続することになる。この原因は何であろうか。金江（2017）でも述べられているように、この原因は両家計が同一の資本収益率に直面していることにある。両家計ともに時間選好率などの行動を規定するパラメータは同一である。資本の蓄積にあたっては、$Af'\big(k(t)\big) - \delta$、つまり資産蓄積からの収益率と ρ を比較して決定を行っている。ここで資産蓄積からの収益率を決定する要因は、個人が保有する資産量ではなく社会全体に存在する資産量である。そのため、片方の家計が蓄積を停止するならば、同一のパラメータを持つ他方の家計も蓄積を停止することになる。これが資産格差および消費格差が永続する理由である。

　なお以上述べたことは資本の貸借を明示的にした1財モデルとしては、以下のモデルのように示すことができる[4]。

　個人iの時点tにおける瞬時的効用を

$$U_i(t) = \frac{c_i(t)^{1-\gamma}}{1-\gamma}$$

とする。ここでγは異時点間の代替の弾力性の逆数である。個人のiの通時的効用は、

$$\int_0^\infty \frac{c_i(t)^{1-\gamma}}{1-\gamma} e^{-\rho t} dt \tag{12}$$

となる。次に各個人の資産の変化を考える。個人iが保有する資本量を$a_i(t)$、また資本貸借がなされた結果として、各個人が生産において実際に使用する資本量を$k_i(t)$とする。つまり個人iは生産にあたって$k_i - a_i$の資本量を借りており、これについてはレンタル料を支払う必要があると仮定される。資本のレンタル料をrで表す。そうすると個人iの保有資産量の変化は次の式で表される。

$$\dot{a_i}(t) = f\big(k_i(t)\big) - r(t)\big(k_i(t) - a_i(t)\big) - c_i(t) \tag{13}$$

　(13) 式は個人が保有する資本量の増加は、生産量から資本のレンタル量についての支払いおよび消費量を差し引いたものであることを意味する。

　(12) 式および (13) 式から、個人iのハミルトニアンH_iは次のようになる。

$$H_i = \frac{c_i(t)^{1-\gamma}}{1-\gamma} + \lambda_i(t)\big\{f\big(k_i(t)\big) - r(t)\big(k_i(t) - a_i(t)\big) - c_i(t)\big\} \tag{14}$$

通時的効用を最大化する一階の条件は以下のようになる。

4　以下については稲葉（2016）の数学注を参考とした。稲葉振一郎氏のホームページ
　からダウンロード可能である。

$$\frac{\partial H_i}{\partial c_i} = c_i(t)^{-\gamma} e^{-\rho t} - \lambda_i(t) = 0 \tag{15}$$

$$\frac{\partial H_i}{\partial k_i} = \lambda_i(t)\left(f'\big(k_i(t)\big) - r(t)\right) = 0 \tag{16}$$

$$\frac{\partial H_i}{\partial a_i} = \lambda_i(t)r(t) = -\dot{\lambda_i}(t) \tag{17}$$

となる。消費の成長率を g_i とすると、(15)、(16)、(17) 式から、

$$g_i(t) = \frac{f'\big(k_i(t)\big) - \rho}{\gamma} \tag{18}$$

となる。つまり個人 i の消費の成長率は、各自の資産保有量ではなく各個人が使用する資本量 $k_i(t)$ に依存している。また (16) 式から、$f'\big(k_i(t)\big) = r(t)$ が常に成立するため、個人が使用する資本量は常に同一である。つまり、すべての個人の消費の成長率、および使用する資本量は同一となっている。使用する資本量がすべての個人で同一であるため、社会に N 人が存在するならば、

$$k_i = \frac{1}{N}\sum_i a_i$$

である。使用する資本量は社会的にみて平均的な資本保有量となる。これにより、資本の貸借について以下のことがわかる。自己が保有する資本量が多い個人は資本の貸し出しを行い資本のレンタル料を得る。また保有する資本が少ない個人は資本を借りて生産を行い、資本のレンタル料を支払っている。このような状態で資産格差および消費の格差は維持されていくことになる。

　ここでの議論が示したことは、資本保有からの収益率が均等化されるならば、つまり資本からの収益率が個々人で均等化されるならば、資本貸借の有無にかかわらず格差が残存するということである。

　では第Ⅰ節でとりあげた、格差が消滅する資本貸借モデルではこの点は

どのようになっていたのであろうか。資本貸借を貧者の側からみると、貧者は自己の保有する資本および労働から得られる生産量については資本貸借をしたとしても確保することができる。つまり $Y_0 = (s_0 L)^{1-\alpha} K_0^{\alpha}$ が自己の消費量であり、この大きさは資本貸借が存在する場合でもしない場合でも変化しない。また資本の蓄積式についても $K_{0t+1} - K_{0t} = B(1 - s_{0t})$ であるため、資本貸借の有無にかかわらず全く同一の最適化問題を解くことになる。言い換えると、富者からどれだけの資本を貸し与えられるかにかかわらず、それについては無視したうえで個別の最適化問題としての最適蓄積経路を貧者はたどればよいということになる。貧者が個人として資本蓄積をしていくことによる資本の限界収益は、富者から貸し与えられる資本量からは影響を受けておらず、このモデルでは貧者は富者が直面している資本の限界収益とは別の、自分自身の資本蓄積量から計算される個別の限界収益を受け取ることができる。

　このことを数式で示すと次のようになる。資本貸借後においては、富者自身の消費財生産における資本労働比率と貧者が消費財生産で利用する資本労働比率は一致している。富者が保有する資本量を K_1、貧者が保有する資本量を K_0、富者が保有する資本量の中から自己で利用する割合を v_t、貧者が労働の中で消費財生産にあてる割合を u_t、富者が労働の中で消費財生産にあてる割合を s_t とすると、

$$\frac{(1 - v_t)K_{1t} + K_{0t}}{u_t L} = \frac{v_t K_{1t}}{s_t L} \tag{19}$$

となる。資本貸借により、富者は資本貸借が存在しない場合よりも消費財生産における資本労働比率を低下させることができるため、消費財生産における資本の限界収益を高めることができる。しかし貧者は単独で生産を行った場合と同様の消費財量を得ることができるため、貧者が直面している実質的な資本労働比率は (19) 式ではなく、

$$\frac{K_{0t}}{u_t L}$$

である。そのため貧者が直面する消費財生産における資本の限界収益率は

富者のそれよりも高いということになる。これが最終的に格差を消滅させることにつながる理由である。

　しかしながら、基本的な資本貸借モデルは物財モデルであるため、収益率が格差の変化に与える重要性を示すには不向きである。そのため次節では、分権モデル型のマルクス派最適成長モデルを利用し、収益率の均等化と格差の変動の問題を取り扱う。

Ⅲ　分権型マルクス派最適成長モデルにおける複数主体

　ここでは金江（2013）の第2章で紹介されているモデルを利用する。説明のために1主体のみが存在する場合から開始し、そののち複数主体へと展開して収益率均等化の格差に対する影響を考える。

　分権経済では生産は企業が行う。2財モデルであるため資本財を生産する企業、および消費財を生産する企業が存在する。資本財生産企業が使用する資本および労働を K_1 および L_1、消費財生産企業が使用する資本および労働を K_2 および L_2 で表記する。資本財生産企業の生産関数を次のものとする。

$$I(K_1, L_1) = A K_1^\alpha L_1^{1-\alpha} \tag{20}$$

消費財生産企業の生産関数を

$$C(K_2, L_2) = B K_2^\beta L_2^{1-\beta} \tag{21}$$

とする。資源制約については、社会に存在する総資本量および総労働量をK、Lとして、

$$K_1 + K_2 = K, \; L_1 + L_2 = L$$

とする。また労働供給について家計は非弾力的であり、つねに保有する労働量を最大限供給していると仮定する。

　家計の瞬時的効用を logC で表す。ρ を時間選好率として、家計の通時的効用関数 U は、

$$U = \int_0^\infty e^{-\rho t} \log C(t) dt \tag{22}$$

である。以下では消費財をニューメレールとし、資本財の価格を p(t) で表す。家計が保有する資産量を $a(t)$、銀行に預けた場合の利子率を r(t)、賃金率を w(t) とすると資産量の変化については次の式で表現される。

$$\dot{a}(t) = r(t)a(t) + w(t)L - C(t) \tag{23}$$

(23) 式の中で $a(t)$ は資産保有量の瞬時的変化を表している。

　これらが分権経済を表す基本的な式である。企業はそれぞれ利潤最大化を行うが、資本財のレンタルプライスを R(t) とすると、資本財生産企業の利潤最大化問題は次の式となる。

$$\max_{K_1, L_1} \pi_1(t) = p(t)I(t) - R(t)K_1(t) - w(t)L_1(t) \tag{24}$$

　消費財生産企業の利潤最大化についても同様に、

$$\max_{K_2, L_2} \pi_2(t) = C(t) - R(t)K_2(t) - w(t)L_2(t)\,) \tag{25}$$

となる。利潤最大化の一階条件はそれぞれ以下のようになる。(24) 式および (25) 式を資本で偏微分して 0 とおき、

$$\frac{\partial \pi_i}{\partial K_i} = 0 \Rightarrow pI_{K_1} = C_{K_2} = R \tag{26}$$

それぞれを労働で偏微分して 0 とおき、

$$\frac{\partial \pi_i}{\partial L_i} = 0 \Rightarrow pI_{L_1} = C_{L_2} = w \tag{27}$$

となる。これらの式は生産要素の限界生産物価値が生産要素価格に等しくなるということを示している。

　資本市場における裁定条件については、資本の減耗率を δ として以下のようになる。

$$rp = R - \delta p + \dot{p} \tag{28}$$

この式は p 円を支払い資本を購入したうえでそれを貸し出すことによる
収益と、p 円を銀行に預けた場合の収益が等しくなるということを表して
いる。

　家計は (22) 式で示される通時的効用を、(23) 式で表される資産制約の
もとで最大化することを試みる。μ をラグランジュ乗数として、経常価値
ハミルトニアンを H とすると、

$$H = \log C + \mu(ra + wL - C) \tag{29}$$

となる。(29) 式について最大化問題の一階条件は、

$$\frac{\partial H}{\partial C} = 0 \;\Rightarrow\; \frac{1}{C} = \mu \tag{30}$$

$$\frac{\partial H}{\partial a} = \rho\mu - \dot{\mu} \;\Rightarrow\; \frac{\dot{\mu}}{\mu} = \rho - r \tag{31}$$

となる。(30) 式と (31) 式から、

$$\rho = r(t) - \frac{\dot{C}}{C} \tag{32}$$

が導かれる。

　(28) 式を利用すると、

$$\rho + \frac{\dot{C}}{C} = \frac{R}{p} - \delta + \frac{\dot{p}}{p} \tag{33}$$

となる。以下では定常状態に注目するが、定常状態では消費と価格の変化
率は 0 となる。そのため右肩のアスタリスクで定常状態における各変数の
値を表現すると定常状態では、

$$\rho = \frac{R^*}{p^*} - \delta$$

となる。ここで (26) 式から $R^* = p^* I_{K_1}^*$ であるからそれを代入して、

$$I_{K_1}^* = \rho + \delta \tag{34}$$

を得る。(26) および (27) 式から、

$$\frac{C_{K_2}}{C_{L_2}} = \frac{I_{K_1}}{I_{L_1}} = \frac{R}{w}$$

となるため、この式と (34) 式を利用すれば、

$$\frac{1}{\rho + \delta} C_{K_2}^* I_{L_1}^* = C_{L_2}^* \tag{35}$$

が定常状態でなりたつ。資本供給の制約式、労働供給の制約式、および (34) 式、(35) 式、また定常状態では社会全体でみた資本減耗＝資本財の生産となることを利用すると、定常状態における資本労働比率が求まる。それは

$$\left(\frac{K}{L}\right)^* = A^{\frac{1}{1-\alpha}} \frac{\beta(1-\alpha)}{\rho(1-\beta) + \delta(1-\alpha)} \left(\frac{\alpha}{\rho+\delta}\right)^{\frac{1}{1-\alpha}} \tag{36}$$

となる。

　以上の議論は主体が単独である場合であった。ここから2主体へと拡張するが、そもそもどの式が複数主体となった影響を受けるのかをまず考える。企業の行動は主体の数からは影響を受けない。そのため (24)、(25)、(26)、(27) 式は変化がない。また資本市場の裁定条件式である (28) 式についても影響を受けない。変化を受けるのは消費主体側の最適化問題を表す (29) 式からである。ここで2主体SとMが存在するとする。本章では資本収益率が均等であることの影響に注目するため、以下では2主体において時間選好率などの要因についてはすべて同一であるとする。主体

i(i=S,M) の通時的効用関数は、

$$U_i = \int_0^\infty e^{-\rho t} log C_i(t) dt \tag{37}$$

である。主体を表す添え字がついた以外は (22) 式と完全に同一である。主体 i の資産については、

$$\dot{a}_i(t) = r(t)a_i(t) + w(t)L - C_i(t) \tag{38}$$

で変化していく。これも添え字がついた以外は (23) 式と同一である。それぞれの主体の通時的効用最大化問題は、形式的には単独主体の場合と全く同一である。それぞれのハミルトニアンは、

$$H_i = log C_i + \mu_i(ra_i + wL - C_i) \tag{39}$$

となる。最大化の一階条件も単独主体の場合と完全に同一であり、

$$\frac{\partial H_i}{\partial C_i} = 0 \Rightarrow \frac{1}{C_i} = \mu_i \tag{40}$$

$$\frac{\partial H_i}{\partial a_i} = \rho\mu_i - \dot{\mu}_i \Rightarrow \frac{\dot{\mu}_i}{\mu_i} = \rho - r \tag{41}$$

となる。(41) 式はそれぞれの主体の経常価値シャドウプライスの変化率を示しているが、(41) 式の右辺は時間選好率および貨幣の利子率である。そのためどちらの主体にとっても共通であるからシャドウプライスの変化率もどちらの主体でも等しい。そのことと (40) 式を利用すると、

$$\frac{\dot{C}_S}{C_S} = \frac{\dot{C}_M}{C_M} \tag{42}$$

を得る。つまりどちらの主体も消費の変化率は常に等しい。そのため、先に述べた (32) 式以下の議論は先と完全に同一となる。定常状態では

$$\rho = \frac{R^*}{p^*} - \delta$$

が成立する。(26) 式については複数主体の場合も変化がないため (34) 式

が成立する。(27) 式にも変化がないのであるから、先と同様の流れで (35) 式は定常状態でなりたつ。資本供給の制約式、労働供給の制約式、および (34) 式、(35) 式、また定常状態では社会全体でみた資本減耗＝資本財の生産となることも複数主体と単独主体の場合で変化はないのであるから結局、社会全体でみた資本労働比率の定常状態における比率は、

$$\left(\frac{K}{L}\right)^* = A^{\frac{1}{1-\alpha}} \frac{\beta(1-\alpha)}{\rho(1-\beta)+\delta(1-\alpha)} \left(\frac{\alpha}{\rho+\delta}\right)^{\frac{1}{1-\alpha}}$$

であり、これについても変化がない[5]。結局主体を複数にしたとしても、社会的総生産物を主体間でどのように分割するかという点のみが影響を受ける。これは 1 部門ラムゼイモデルの場合と同一である。

　先に述べたように両者の消費の成長率は常に同一であるから、あるスカラー z を利用して両者の消費量は常に

$$C_S = z C_M$$

となる。これは定常状態でも成立するため、定常状態においても初期の消費比率を維持したままであるといえる。この初期の消費比率の差は両者の時間選好率や効用関数の形状が同一であるため、純粋に初期資産の影響である。つまり両者は初期時点における格差を定常状態にいたっても永続させるということになる。

　このことは収益率 r が両者で等しいということから生じている。(40) と (41) 式から

$$\frac{\dot{C_i}}{C_i} = r_i - \rho$$

5　主体が 2 人である場合は社会に存在する総労働量が 2 倍になっているため、社会に存在する総資本量も 2 倍となっている。

である[6]。より資産が乏しい主体がより高い収益率に直面するならば、上の
式からより高い消費の成長率となることがわかる。しかし収益率が等しい
限りは、消費の成長率は等しくならざるを得ないのである。そのため消費
量の相対的格差は一定として持続することになる。また絶対的格差として
は拡大していく。このことは主体の数を増加させても、その効用関数の形
状および時間選好率が同一である限りは常に成立する。

Ⅳ　金融的収益の重要化と格差の変動

　前節までは資本蓄積からの収益率が個々人で均等化されるかどうかが、
格差の変動に関して重要な意味を持つということを論じた。収益率が均等
である限り、消費の成長率は同一となる。そのため消費格差は持続してい
くことになる。では資本蓄積からの収益率が均等化されるのはどのような
状況においてであろうか。
　もともと資本には、どのような用途に投ぜられているのであれ同一量の
資本に対しては同一量の利潤が発生すべきであるという強力な傾向が存在
する。それが一般的利潤率の成立を導く動因となる。しかし実際のところ、
各生産部門で実際の生産に投下されている現実資本は、利潤率が異なるか
らといって簡単に部門を移動していくわけにはいかない。また生産部門で
はなく地域という単位で分割してみても、ある地域において実際に生産に
投下された資本は、簡単に地域を移動するわけにはいかない。そのため現
実資本が中心である場合には、地域あるいは生産部門間において個別の利
潤率が成立していく。もちろん現実の経済はモデルが想定する形の生産関
数で表現できるとは限らないので、資本蓄積が少ない生産部門、あるいは
地域がより高い資本収益率を持つことができるとは限らない。しかしなが
ら資本蓄積の度合いが低いほど資本の収益率が高い場合は生産部門間の、

6　この式では個別の収益率が異なった場合についての議論につなげるために、rでは
　なくr_iとしている。

あるいは地域間の収束にむけて動くことが期待できる[7]。

　しかし金融資本が中心となり、金融的収益が重要になると状況は変化する[8]。運動する貨幣たる資本は自由に生産部門間、あるいは地域を移動することが可能であり、資本の投資に対する収益率を基準として移動していく。そのため資本蓄積が多い部門ないし地域であれ、少ない部門ないし地域であれ、1単位の資本からえる収益率は均等化しなければならないという、資本の本性からくる圧力が強化されていく。このような場合には、これまで述べてきた資本収益率が主体間で均等化している場合が、現実に対する説明として妥当なものとなる。これまでみてきたように、資本収益率の均等化は格差を持続させることにつながる。つまり資本が増殖する貨幣であり、用途とは無関係に同じ額の資本に対しては同じ額の利潤がもたらされなければならないという性質が純粋な形で解放されていくほど、資本保有から収益を得ることが可能な場合であっても格差は持続していくことに向かうのである。

　また金融的収益が重要となっていく場合には、等しい収益率ではなく資産を持つ者の収益率のほうがより高くなる可能性もある。Piketty (2014)の第12章では資産収益率の格差の不均等の問題を論じている。そこではそもそもの資産が大であるほど、より優秀なコンサルタントやアドバイザーを雇用することが可能であること、より自由度の高いポートフォリオを組めること、投資においてよりリスクをとることができることなどの要因から、資産が大であるほど収益率が高くなるということが指摘されている。このような要因が働く場合には、そもそも資本蓄積が大である主体ほどより高い資本収益率を享受するということになり、格差の拡大は本章で述べたものよりもさらに急速なものとなる。

7　これは国際的な収束性においてもっともよく表れてきたといえる。

8　金融的収益の重要化という点はいわゆる金融化理論と関連がある。ただし本章では金融的収益が重要となったことで資本の用途において利潤率均等化の圧力が高まるという点に重点を置いており、実体経済から乖離して貨幣資本が蓄積されていくという点には焦点を置いていない。本章の議論では金融化の進展にともない利潤率均等化の圧力は高まるものの、依然として資本は生産に投下されている。

まとめ

　本章では金融的収益の重要化と格差の変動の関係性について論じた。それを行うにあたって、本章では資本の収益率が主体間で均等化する場合には格差が持続するということを述べ、そのうえで金融化の進展は資本が本来求める収益率の均等化が現実のものとして現れることを促進するという点から、金融的収益が重要となるほど格差が持続する傾向があるということを論じた。

　運動する貨幣としての資本は元来収益率を均等化することを求めるものである。しかしこれは現実のものとして常に現れるわけではない。実際には投下される産業、地域によって収益率は異なる。しかし近年における金融化の進展は運動する貨幣であるという資本の本性がより純粋な形で展開していくことを可能とし、収益率が均等化することを促進する。そしてそれは人々が資本の保有から収益を得ることが可能である場合でさえ、格差を持続させることにつながるのである。ここで資本保有からの収益を得ることが可能である場合であってもこの議論は成立するということは、今後の格差の議論を考えるにあたって重要であると思われる。仮に資本ストックの再分配を行ったとしても、保有する資本ストックに差がある場合、一時的な格差の縮小にはなっても通時的には再度絶対的な格差は拡大していくことを本章の議論は示している。このことは資本収益率の均等化という点から発生するものであり、この均等化が成立することを何らかの方法で妨げない限りは通時的な格差の増大を防ぐことはできない。このことは単に資本ストックの再配分だけでは格差の問題という点に取り組むうえでは不十分であるということを示している。

　ただし、本章で取り扱った格差の持続は相対的な格差についてのものであることには注意が必要である。富者と貧者の間での消費の差は相対的にみて拡大している。しかし絶対的な水準でみるならば貧しい主体であっても豊かにはなっている。消費水準の絶対的上昇のもとでの相対的格差の拡大をどのようにとらえるかは難しい問題である。絶対的には豊かになっているのであるから相対的格差は問題ないという意見ももちろん成立する。しかし相対的な格差であっても、それが拡大していけば民主主義をゆるが

すことにつながる可能性がある[9]。単純に経済的な側面のみではなく、このような点まで含めた議論を深めていくことが今後の課題である。

参考文献

Acemoglu, Daron and James A. Robinson (2006) *Economic Origins of Dictatorship and Democracy,* Cambridge University Press.

Piketty, Thomas (2014) *Capital in the Twenty-First Century,* Harvard University Press.（山形浩生・守岡桜・森本正史訳『21 世紀の資本』みすず書房、2014 年）

稲葉振一郎（2016）『不平等との闘い―ルソーからピケティまで』文藝春秋

大西広・山下裕歩（2002）「時間選好率格差、階級分裂、および初期資産格差の『マルクス・モデル』への影響」『京都大学経済学研究科　Working Paper』No. J-28.

金江亮（2017）「最適成長モデルにおける格差」『地研年報』第 22 号、41-46 頁

――（2013）『マルクス派最適成長論』京都大学学術出版会

山下裕歩（2005）「新古典派的『マルクス・モデル』における Romer 的搾取の検討」『季刊経済理論』第 42 巻第 3 号、76-84 頁

中村保（2014）『神戸大学経済学叢書第 21 輯　所得格差のマクロ動学分析』勁草書房

ピケティ・トマ（2014）『21 世紀の資本』みすず書房

9　この点については民主主義の成立および持続の問題を、数理モデルを利用して論じた Acemoglu and Robinson (2006) を参照。彼らの議論をベースとするならば、収益率の均等化を要求する資本の本性は貧者が資本を保有する場合でさえ相対的格差を拡大させ、それは民主主義の持続を脅かすことになる。これは資本の運動が民主主義の持続に対して脅威を与えるということを意味している。

おわりに

　本書では投下労働量と社会的な労働の配分という観点を軸として、日本経済の分析を試みた。社会が物質的に再生産しうるように労働を社会的に配分することは、どのような社会システムのもとであれ、されなければならないものである。これを達成することができなければ、いかなる社会システムも長期的には正当性を確保することはできない。どのような方法でこれが実現されるかは、社会システムの在り方によって異なっており、その在り方がその社会システム特有の問題を引き起こすことがある。ある社会システムに問題があると主張するためには、そのことを示す必要がある。本書では「資本主義の歴史的使命」を資本主義という社会システムが果たしているかということや、資本の運動の本質である利潤を目的とした生産ということが何らかの問題を引き起こすかという点にも注目して論述したが、それは以上のような問題意識からのものである。

　そのために、本書では以下のような方法をとることを試みた。第一にどのような社会でも必要とされる「普遍」的な条件は何であるかを考え、その「特殊」な表現として普遍的な意味での資本主義における各種の形態が出現すると考える。それがどのように「具体」となるかは各国の制度や歴史に依存するため、そこにたちいって考える。このように、資本主義を所与のものとしてとらえるのではなく、歴史的に多数存在しうる社会システムの一つの形態として相対化してとらえることを目的とする場合には、「価格」という一定の社会システムの存在を前提としたカテゴリーではなく、どのような社会においても存在している普遍的なものを分析の軸とし

て据えなければならない[1]。その役割を果たすものとして、本書では投下労働量という意味での「価値」を採用した。またそれにより、どのような社会においても実現されなければならない労働の社会的配分という観点で社会をとらえることが可能となる。投下労働量を使うことによって、社会の物質的な純生産可能性の指標の一つを得ることができるが、これは価格次元とは異なった視点を提供してくれるものである。

本書では第三部において、具体的な変化に注目した論述を行った。しかしそれが労働の社会的配分にどのような影響を与えているのかということや、投下労働量の変化にどのような影響を及ぼしているのかという点にまでは踏み込めていない。またこの社会構造がその時点での土台の在り方からどのような影響を受けているのか、ということについても踏み込むことができなかった。土台と上部構造の間の関連性をより明確にするということは今後の課題である。さらに分析を深めるためには、特定の社会システムの中で行動する個人にも、経済学の言葉でいうのであればミクロ的基礎というものに注目する必要がある。この点についても今後の課題である。

本書を構成する各章の初出は以下の通りであるが、一冊の本にまとめるにあたって書きかえた箇所もある。またタイトルについても変更しているものがあるが、以下では原タイトルで示している。

---

1 本書でとりあつかっている「価値」はマルクス自身のものとは異なっているが、マルクス自身の労働価値説を採用する場合においても、資本主義を歴史的に存在する多数の社会システムの一つとして相対化してとらえるという視点は重要であると思われる。

資本主義社会においては資本と労働の関係性はどこまでも自由・平等なものとして現れるため、資本主義における搾取は、それ以前の農奴制や奴隷制のように直接目に見える形では存在していない。そのため資本主義ではそれ以前の社会システムとは異なり、搾取は消滅しているかのようにみえる。また農奴制や奴隷制といった社会においては資本主義的な価格システムは存在しておらず、価格というカテゴリーを利用して資本主義と関連させて論じることは困難である。

そのため一見搾取が消滅したかにみえる資本主義においても、それ以前の社会と同様に労働搾取が存在しているということを示すためには、価格というカテゴリーではなく、労働というカテゴリーにまでさかのぼって分析する必要がある。これが労働価値説を採用する理由である。

学部生時代よりご指導いただいている慶應義塾大学経済学部の大西広先生には特に御礼申し上げたい。また京都大学経済学研究科の矢野剛先生にも、特に博士課程以降に多大なご助力を賜った。矢野先生にも厚く御礼申し上げたい。

　加えて学部ゼミから大学院ゼミを通しての先輩方、学会や研究会を通して様々なことを学ばせていただいた先生方や同輩、後輩の皆様がいなければ、拙いものではあるがこのように本としてまとめあげることはできな

かった。すべての方のお名前を個別にあげることはできないが、心から感謝したい。

　最後になるが本書の出版にあたっては、三重短期大学法経学会から多大な助成をいただいた。ご配慮に御礼申し上げたい。

田添篤史

田添篤史（たぞえ・あつし）

三重短期大学准教授。1984 年生まれ。2012 年、京都大学大学院経済学研究科経済学専攻博士後期課程修了。博士（経済学）。京都大学経済学研究科ジュニアリサーチャー、京都大学アジア研究教育ユニット研究員などを経て現職。

2017 年、The Distinguished Achievement Award in Political Economy for The Twenty-First Century を World Association for Political Economy より受賞、2018 年、基礎経済科学研究所創立 50 周年記念懸賞論文において奨励賞を受賞。

主な論文に、「『置塩定理』に対する擁護論—Laibman の議論の拡張および厳密化をベースとして」（『季刊経済理論』第 48 巻第 2 号、2011 年）、「産業連関表を用いた置塩型利潤率の計算による資本労働関係の分析—2000 年代初めにおける日本経済の構造変化の抽出」（『季刊経済理論』第 51 巻第 2 号、2014 年）など。

投下労働量からの日本経済分析——「価値」と「価格」で見る日本型資本主義

2021 年 3 月 25 日　初版第 1 刷発行

著者————田添篤史
発行者———平田　勝
発行————花伝社
発売————共栄書房
〒101-0065　東京都千代田区西神田 2-5-11 出版輸送ビル 2F
電話　　　03-3263-3813
FAX　　　03-3239-8272
E-mail　　info@kadensha.net
URL　　　http://www.kadensha.net
振替　　　00140-6-59661
装幀————北田雄一郎
印刷・製本—中央精版印刷株式会社

長期法則とマルクス主義
——右翼、左翼、マルクス主義

大西 広　著

定価（本体 2000 円＋税）

●君は右翼か、それとも左翼か？

よみがえるマルクス主義。常識を問い直す、自由派マルクス
主義の歴史観と現状分析。

新古典派経済学を基礎とするマルクス経済学、「マルクス派最
適成長論」の挑戦。

成熟社会における組織と人間

碓井敏正　著

定価（本体 1600 円 ＋ 税）

●成熟社会とは何か
成熟社会は到来しているのか？　成熟社会に対応して、革新組織や運動は根本的な自己改革が求められているのではないか？